明治外債史の研究

半田英俊［著］
Handa Hidetoshi

一藝社

目次

第二章　明治四年七月～明治五年二月

井上財政の開始と七分利付外債の募集計画

第三章　明治五年三月～明治五年五月

米国における吉田の起債活動

第五章　明治六年一月～明治八年七月
井上財政の終焉と外債の使途

明治外債史の研究

はじめに

外債とは「債務の設定が国外において行われた債券（国債、地方債、社債）の総称で、内国債ないし内債に対応して外国債ないし外債と呼ばれる。一般には発行現地の通貨で表示される外貨債の形態をとるが、ときに発行国通貨で表示される内貨債の場合もある」[1]とされている。

現在の日本国においても、例えば「円建外債」[2]と呼ばれる外債を発行しており、令和元年に同外債を発行した総額は約一兆八〇〇〇億円となっているが、[3]近年、三〇兆円前後の新規国債を発行している我が国では、外債の財政に果たす役割は大きいとは言い難い。

しかし日本国の明治時代において外債の果たした役割は、現代のそれとは大きく異なっていた。明治元年から明治四五年の間、外債は全部で一一回発行されており、その発行時期は大きく分けて明治初期における財政改革直後と大日本帝国憲法体制下の二つに分けられる（**表1参照**）。

そこで各々の時期の政治、財政状況をそれぞれ概観しつつ、先行研究の紹介や本稿における各章の目的について論じていきたい。

慶應三年一二月九日、王政復古の大号令が宣言され、江戸幕府に代わって薩長土肥を中心とする明治新政府が発足した。しかし、その財源は天皇家の御料地三万石といった一小大名程度の財政規模のものに過ぎず、収入は不安定であった。しかも明治元年一月には戊辰戦争が開始されたことにより、当時、参与として財政の責任者の地位にあった由利公正は、財政基盤の確立に加えて戦費調達も行わなければならなくなり、政府の財政は危機的状況に追い込まれていた。

さらに戊辰戦争に勝利したのちも政府の財政状況は予断を許さなかった。接収した幕府領や新政府に敵対した諸藩の領地からの収入を合わせても、全国の総石高三〇〇〇万石のうち八〇〇万石程度に過ぎなかったからである。中央集権化を目指す政府は、政策の財源を確保すべく、否応なしに財政権の確立を迫られることとなった。

そこで、まず明治二年六月一七日に版籍奉還が行われて、幕藩体制解体の端緒が開かれた。近世からの脱却という意味において、各藩が土地と人民を新政府に返還することは改革の第一段階となったと評価できる。しかし知藩事の領地に対する実質的支配は存続したため、新政府の財政強化につながることはなかった。したがって最終的な財政権の確立は、明治四年七月一四日の廃藩置県を待たなければならなかった。版籍奉還の際は財源確保の問題は必ずしも十分ではなかったが、藩を撤廃することによって、ある程度、解消の見込みを得ることとなった。

これらの改革をもって近世の幕藩体制は消滅し、全国の財源は政府が一手に掌握する中央集権体制への移行が決定づけられたのである。

しかしながら廃藩置県がもたらした効果は良い事ばかりではなかった。旧藩から受け継いだ負債、華士族の家禄などの歳出増加は著しく、大蔵省は廃藩置県の影響によって生じた財源不足を何らかの施策によって補填することが求められたからである。このため岩倉使節団に随行して外遊している大蔵卿大久保利通に代わり、留守政府の大蔵行政を任された大蔵大輔井上馨は、外債募集によってその解決の糸口を見出すこととした。

なお今回の起債計画に先立って明治三年にも政府は外債募集を行っている。近代化政策の一環として

表 1　明治期における外債一覧[6]

	名称	発行年月日	金利	発行額	発行価格	償還年限	担保	目的
1	九分利付外債	明治 03 年 03 月 23 日	9%	100 万ポンド	98 ポンド	13 年	租税及び関税、鉄道収入	鉄道敷設
2	七分利付外債	明治 06 年 01 月 14 日	7%	240 万ポンド	92.5 ポンド	25 年	米 40 万石	禄制処分
3	第一回四分利付英貨公債	明治 32 年 06 月 02 日	4%	1000 万ポンド	90 ポンド[f]	55 年	無記載	鉄道、製鋼、電信など
4	第一回六分利付英貨公債	明治 37 年 05 月 11 日	6%	1000 万ポンド	93.1 ポンド	07 年	関税収入	軍費
5	第二回六分利付英貨公債	明治 37 年 11 月 14 日	6%	1200 万ポンド	90.1 ポンド	07 年	関税収入	臨時事件費
6	第一回四分半利付英貨公債	明治 38 年 03 月 29 日	4.5%	3000 万ポンド	90 ポンド	20 年	タバコ専売益金	臨時事件費
7	第二回四分半利付英貨公債	明治 38 年 07 月 11 日	4.5%	3000 万ポンド	90 ポンド	20 年	タバコ専売益金	臨時事件費
8	第二回四分利付英貨公債	明治 38 年 11 月 28 日	4%	2500 万ポンド	90 ポンド	27 年	無記載	内国債借換債
9	五分利付英貨公債	明治 40 年 03 月 08 日	5%	2300 万ポンド	99.1 ポンド	40 年	無記載	六分利付英貨公債借換債
10	四分利付仏貨公債	明治 43 年 05 月 05 日	4%	4 億 5000 万フラン	95.5 フラン	60 年	無記載	五分利付内国債借換債
11	第三回四分利付英貨公債	明治 43 年 05 月 12 日	4%	1100 万ポンド	95 ポンド	60 年	無記載	五分利付内国債借換債

※九分利付外債時のレートは 100 万ポンド＝およそ 500 万円、七分利付外債時のレートは 240 万ポンド＝およそ 1000 万円となる。
※四分利付英貨公債以降は、1000 万ポンド＝およそ 1 億円、4 億 5000 万フラン＝およそ 1 億 7000 万円となる。

鉄道の敷設を検討したが、当時の財政状況が逼迫していたため、外国資本の導入を行ったのである。

いずれにしても明治初期の政府の財政基盤は非常に脆弱であったことが明らかである。特に、この時期は新政府の政権基盤を支える財政の一時的補完という点において、外債の役割は非常に大きかったと評価することができよう。

このように明治初期において外債は二度発行されたが、本邦初となる外債のことは九分利付外債、二回目は七分利付外債と呼ばれている。

まず九分利付外債の先行研究について紹介するが、これまで田中時彦氏[5]、藤村通氏[4]らによって研究がなされてきた。田中氏の著書は幕末における江戸幕府の鉄道導入政策から記し始め、明治新政府での鉄道導入の経緯、とりわけ九分利付外債の募集過程について詳細に考察しているが、これをもって同外債の全貌が明らかになっているとは言い難い。

例えば田中氏は明治政府が英国人ホラシオ・ネルネン・レーから借金を行った理由として、以下の二つの点を挙げて説明している。

第一に国内資本における資金調達の失敗を挙げている。この点について田中氏は「鉄道建設に要する資金は、国内の民間資本をもって充当しようと企て、その見込みも立てていた。ところが恰もこの十月頃、横浜に住む日本商人の間で東京・横浜間の鉄道建設資金を募金しようとして成功しなかった例があった」[7]と、日本国商人からの資金調達に失敗したためであると述べている。

第二に同氏は東洋銀行からの融資の困難さを挙げている。「新政府が鉄道建設資金をオリエンタル銀行から調達しようと思えば、必ずしも不可能ではなかったであろう。……それ故同銀行から前よりもより低利な借款を受けてしかも前債を償却することは、出来難いことであった」[8]と述べ、東洋銀行との間に発生する高金利負担を避けるためであるとしている。

第二の理由については同意見であるが、第一の理由については、なぜ政府が日本国商人から資金調達ができなかったのかという点に十分な説明がなされておらず、再検討の余地があると考える。そこで本稿第一章において、このくだりの経緯について言及し、改めて九分利付外債の募集過程を論じていくこととしたい。

次に七分利付外債の先行研究について紹介するが、こちらは関口栄一氏、千田稔氏、藤村氏らによって、精緻な研究がなされてきた。

関口氏は留守政府の研究という枠組みの中で七分利付外債を考察している。同氏の論文[9]の中では、①外遊組と留守政府の間で交わした約定書によって安定したと思われた正院と大蔵省の関係、各省と大蔵省の関係が悪化したため、②家禄処分計画自体の誤りに気がついたため、③高金利による米国での外債募集の不調を知ったため、④米国駐在の少弁務使森有礼の妨害があったため、井上は外債募集の方針変更を余儀なくされたとしており、同氏は特に①、②について論証を行っている。

千田氏は論文[10]の中で七分利付外債の提起から内定にいたる過程を、政府首脳の書簡を使用して詳細な分析を行っている。そのほかにも政府はなぜ英国ではなく米国で起債を試みたのか、米国での起債の状況などについても論じている。

藤村氏はその著書の中で明治初年から一〇年代にかけての公債政策全般を網羅している。[11] 九分利付外債、七分利付外債[12]についても、起債の背景から意義までを丁寧に取り上げており、その概要を知る上で重要である。

しかしながら、七分利付外債の募集過程が完全に解明されたわけではなく、未だにいくつかの疑問も残っている。そこで三氏の研究論文を手がかりとしながら、今もなお残っている疑問点について解明していきたい。

第一に吉田清成が日本国を出発するまでの外債募集計画についてである。当時、井上が世界の金融市場の中心であった英国を避け、最初の起債地として米国を選んだことは研究者の間で論点となった。

これに関しては特に千田、藤村の両氏がそれぞれ考察を試みている。千田氏は「外債募集の世界的中心地は、ロンドンであり、大蔵官僚らもこの点を認識していたにも拘らず、米国での起債を試みたのであるから、そこには特別な理由があったに相違ない。周知のごとく、三年鉄道外債がロンドンで起債されているから、まずもってこれとの関連が問われなければならない[13]」と、九分利付外債の影響によって英国を避けたと結論づけている。藤村氏においても「当時は何といっても国際金融市場はロンドンであって、そういう世界金融事情の認識すらも日本の政府首脳にはなかったので、米国で調達できるくらいに思っていた。……米国であえて調達しようとしたのは、九分利付ならば可能であっても七分利付ではとうてい引受け不可能と判断して東洋銀行をわざわざ避けたものであろう[14]」と、千田氏と同様の理由によって英国での起債を避けたことを論じている。

しかし募集の際に九分利付外債の影響を免れないという消極的な理由のみで、井上は米国を最初の起債地として選んだという結論で良いのであろうか。米国を起債地として選んだ理由は他にも存在すると考える。

第二に外債募集に出発した吉田は米国での起債不調の知らせをもたらしたが、これをうけた井上が即座に外債募集打ち切りを吉田に指示した点である。後述するが勅旨は米国で不調の時は、英国で処置するよう指示している。井上が即時打ち切りを指示することは甚だ不自然と言わざるを得ない。

この点に関しては関口氏が考察を試みている。井上の方針変更の理由として「要するに吉田からの情報には全く関係がなく、純粋に国内的条件によって生じた」[15]と、先述の①、②といった国内での問題を挙げている。

しかし同氏は国内問題に比重を置いて考察しているため、国外問題の考察が不十分ではなかろうか。むしろ本稿では吉田が直面した海外での問題について重点的に論ずることにより、井上の方針変更の理由が導き出せると考えている。

第三に井上は吉田に対して強硬に中止を指示したにもかかわらず、最終的には募集続行を命じている点である。

この点に関しては藤村氏が若干の考察を試みている。同氏は「大久保利通と伊藤博文もアメリカから英国に廻ってきていたので、吉田は両人と協議し、八分はやむをえないと了解した。大久保・伊藤も了解したというので、日本政府も実利八分利付の外債発行を承認するにいたった」[16]と、大久保、伊藤が井上の起債中止の方針転換をさせたと結論づけている。

この結論については同意見ではあるが、井上の心情についての考察が不十分ではなかろうか。彼の心情の変化も踏まえつつ方針変更に至った経緯を、より詳細に明らかにする必要性があると考える。

このように、いずれの論においても、これら三つの問題点について解明が十分とは言えないのである。そこで本稿第二章から第五章において、先述の三点の問題を中心に据えて『明治前期財政経済史料集成第十巻』所収の「七分利付外債發行日記」、「在歐吉田少輔往復書類」を再検討し、新たな史料や論点をつけ加えていきながら、七分利付外債の募集過程について解明をすすめていくこととする。[17]

最後に七分利付外債の発行を主導した井上が大蔵省を去って行くこととなった明治六年の予算紛議に

ついても触れていく。

飯塚裕道氏によると、井上財政とは井上が大蔵大輔に昇格した明治四年七月二八日から同大輔の辞職を正院が受理した明治六年五月一七日までの時期のことをいう。[18] 本来であれば大久保が大蔵卿として大蔵省を統括するはずであったが、大久保が大蔵行政に疎かったこと、[19] また彼が岩倉遣外使節団に随行したことなどから、井上が実質的に大蔵行政を統括していたとして、そう名付けられている。[20]

しかし大蔵省において大きな権限を握る井上を憎む者も少なくなかった。[21] 特に七分利付債の募集が冒頭からつまずくと、井上自身、財政方針を転換せざるを得なくなった。そして省卿たちとの関係は悪化の一途をたどっていくと、いわゆる明治六年の予算紛議と呼ばれる省内対立がおきたのである。

この予算紛議に関する研究は田村貞雄氏、関口栄一氏などによって考察されてきた。[22] 両氏の論文では文部省、司法省、工部省の三省に焦点を絞って、より精緻な研究がなされているといっても過言ではない。

しかし両論文では、七分利付外債のつまずきが明治六年の予算紛議を招いたという視点が欠けている。例えば田村論文の五〇頁には「大久保大蔵卿が岩倉使節団の副使として出発したのち、井上大蔵大輔らは外債三〇〇〇万円募集による家禄処分案を作成した。直ちに吉田少輔が外債募集のために渡米するが、滞米中の岩倉、木戸らの反対や駐米弁務使森有礼の反対と妨害により挫折している。同年五月には家禄処分の急先鋒だった大隈参議、井上大輔らが後退を容認し、八月には正院が計画の縮小を決定した。」との記述があるが、七分利付外債と井上財政の転換の関連性、同外債と予算紛議の関連性については考察が不十分である。

そこで第五章では上記論文では使われていない史料を加えつつ、井上財政の転換がいかにして明治六年の予算紛議につながったのかということについて再検討を加えていくこととする。

その後、明治一〇年代に入ると、たとえ財政状況が悪化しても外債に頼ることのない財政運営がなされていった。

明治一〇年代における財政悪化の一要因を成したのは西南戦争である。この戦争は維新後の士族反乱の中でも最大規模であり、時の大蔵卿大隈重信は鎮圧のために年間予算に匹敵する「四千百五十六萬七千余圓」[23]の戦費を投ぜざるを得なかった。つまり、この戦費調達にあたって政府は「第十五國立銀行ヨリ借入タル千五百萬圓及ヒ其年十二月第八十七號ノ公布ニ依テ増發シタル紙幣弐千七百萬円」[24]をもってその費用に充てたのである。この影響により西南戦争鎮圧後の明治一二年から一三年にかけて、紙幣価値が急速に下落し、激しいインフレが進行することになった。

大隈はインフレの進行による経済不況に対して、緊縮財政ではなく積極財政を維持しながら問題の打開を図ろうとした。すなわち「外債ヲ募集シテ以テ先ツ五千萬圓ノ正貨」[25]を得る事によって、市中に出回っている不換紙幣の回収を行おうとしたのである。しかし外債によるインフレ克服策は参議たちの間で意見が分かれた。黒田清隆、西郷従道、川村純義などの薩摩出身の参議は賛成したが、外債に依存することで欧米諸国の介入を危惧した岩倉具視や伊藤博文、井上、山縣有朋といった長州出身の参議、内務卿松方正義などの反対派の意見が通り、外債募集案は廃案となった。募集案が否決されると、大隈は持論の積極財政を放棄し、緊縮財政による紙幣償却への転換を余儀なくされた。

そして明治一四年の政変によって大隈が政府を追放されると代わって松方が大蔵卿となり、財政責任者となった。西南戦争後の紙幣価値の下落にともなうインフレに対して、大隈は外債募集によって得た資金を元手に回収することを企図したことに対し、松方は増税と緊縮財政によって得た資金を外債募集資金の代わりとすることで、その克服に臨んだ。

これがのちに松方デフレと呼ばれるインフレ克服策となる。まず酒税、たばこ税の増税や所得税などの新たな税源の創設によって政府の歳入を増加せしめた。次に官有物の払い下げや、行政費を据え置くことにより歳出削減を行った。最後に政府紙幣及び国立銀行紙幣の回収、整理が行われ、正貨の蓄積も進むこととなった。

また松方の提唱によって明治一五年一〇月、日本銀行を設立し、兌換制度が確立した。従来の不換紙幣を兌換紙幣としたこともインフレの終焉に一定の効果を及ぼしたと考えることができる。

これら一連の政策により紙幣整理が進んで貨幣価値が回復され始めると、日本国経済もまた安定化に向かった。銀本位制の導入がなされた明治一八年頃から日本国は好況に転じることとなったのである。

このように明治一〇年代以降は欧米列強による日本国の植民地化への懸念から、外債に依存せずに財政運営を行っていくことが政府の方針となる。しかし明治二二年二月一一日に大日本帝国憲法が発布されて数年の後には東アジアの国際情勢が緊迫し始め、前記の方針を堅持することが困難になってくるのであった。

そこで本邦三回目となる第一回四分利付英貨公債の発行につながっていくことになるが、この研究については藤村氏の論文[26]があげられ、前掲の論文同様、同公債における起債の背景から意義までを取り上げており、その概要を知る上で重要なものとなっている。

また同公債に続く日露戦争関係の外債発行については、多くの研究者によって解明されてきた。[27]しかし帝国憲法体制下において明治期に発行された外債はすべて連動しているにもかかわらず、全てを結びつけて記した著作物は見あたらない。

そこで本稿第六章においては国際情勢や戦況を踏まえながら、第三回から第一一回までの外債発行の経緯について論じる必要があると考える。

以上、本稿は全六章で構成されるが、明治初期の明治新政府の政権基盤を支えた九分利付外債、七分利付外債を中心に、明治時代における外債発行の募集過程について論じていくこととしたい。

〔注〕

1 『日本近現代史辞典』（東洋経済新報社）一九七八年、九〇頁。

2 財務省財務総合政策研究所編『財政金融統計月報』、二〇一〇年、八二四号、八頁。

3 前掲『財政金融統計月報』、八二四号、八頁。

4 藤村氏の研究については後述することとする。

5 田中時彦『明治維新の政局と鉄道建設』（吉川弘文館）、一九六三年。

6 「発行価格の欄は額面価格一〇〇ポンドに付きいくらで売り出されたかを英国通貨（ポンド、シリング）で示している。また、四分利付仏貨公債の場合は、仏国通貨（フラン、サンチーム）で記している。

それぞれ九分利付外債は『明治財政史 第八巻』、六一一頁、七分利付外債は「発行日記」、一七〇頁、第一回四分利付英貨公債は「英國倫敦ニ於テ募集ノ公債ニ關スル手續方法等ノ件」『法令全書』、明治三二年五月三一日、大蔵省令第二二号、『明治財政史 第八巻』、六三〇頁、『松方正義傳 坤巻』、七八七頁、第一回六分利付英貨公債は「英國倫敦及北米合衆國紐育ニ於テ募集スル公債ニ關スル件」『法令全書』、明治三七年五月一〇日、勅令第一三八号、『高橋是清自伝 下巻』、二二四頁、第二回六分利付英貨公債は「英國倫敦及北米合衆國紐育ニ於テ募集スル公債ニ關スル件」『法令全書』、明治三七年一一月一〇日、勅令第二二九号、『明治大正財政史 第一二巻』、九四頁、第一回四分半利付英貨公債は「英國倫敦及北米合衆國紐育ニ於テ募集スル公債ニ關スル件」『法令全書』、明治三八年三月二六日、勅令第七八号、『高橋是清自伝 下巻』、二三五頁、第二回四分半利付英貨公債は「公債募集ニ関スル件ヲ定ム」『公文類聚 第二九編』、『高橋是清自伝 下巻』、二五七頁、第二回四分利付英貨公債は「國債整理ノ爲明治三十七年法律第一号及同三十八年法律第十二号ニ依リ公債ヲ募集スルノ件ヲ裁可シ茲ニ之ヲ交付セシム」『法令全書』、明治三八年一一月二五日、勅令第二四一号、「四分利付英貨公債募集成効ニ關シ倫敦ロスチャイルド家ヨリ大藏大臣宛祝電到達ノ件」『公文雑纂 第十七巻』、『高橋是清自伝 下巻』、二八六頁から作成した。なお前掲書二八六頁には「無抵当四分利付にて価格九十以上」で交渉することを述べており、金利と発行価格は現実のものとなっていることから無抵当であったということも推測できる。

五分利付英貨公債は「英國倫敦及佛國巴里ニ於テ募集スル公債ニ關スル件」『法令全書』、明治四〇年三月八日、勅令第二三号、「明治三十七年五月及同年十一月英國倫敦及北米合衆國紐育ニ於テ募集シタル六分利付英貨公債二千二百万磅整理償還ノ爲英国倫敦及仏國巴里ニ於テ募集スル公債ニ關スル件ヲ定ム」『公文類聚 第三一編』、四分利付仏貨公債は「四分利付佛貨公債發行規程」『法令全書』、明治四三年四月三〇日、大蔵省令第一九号、『明治大正財政史 第十二巻』、二七五頁、第三回四分利付英貨公債は「第三回四分利付英貨公債發行規程」『法令全書』、明治四三年五月六日、大蔵省令第二四号、『明治大正財政史 第十二巻』、二九〇頁から作成している。なお二九〇頁には、本来であれば本公債は五月六日に発表するところ、エドワード七世が薨去したため一二日に延期されたことも記されていた。

7 前掲田中書、一一六頁。

8 前掲田中書、一八七～一八八頁。

9 関口栄一「七分利付外国公債募集計画をめぐって―留守政府と大蔵省 七」『法学』、第五九巻第三号、一九九五年。

10 千田稔「明治六年七分利付外債の募集過程―構想の提起・内定と米国での起債状況」『社会経済史学』、第四九巻第五号、一九八三年。

11 藤村通『明治前期公債政策史研究』（東洋研究所）、一九七七年。

12 個別の論文については、藤村通「七分利付外国公債論」『金融経済』、一四二号、一九七三年、藤村通「九分利付外国公債始末考」『東洋研究』、三七号、一九七四年がある。

13 前掲千田論文、二頁。

14 前掲藤村論文「七分利付外国公債論」、二四～二五頁。

15 前掲関口論文、三四頁。

16 前掲藤村論文「七分利付外国公債論」、二八頁。

17 本稿では、論文の内容上、国内のみならず国外から出された書簡を史料として引用しているため、書簡の日付の記載がまちまちとなっている。和暦と西暦が混在している状態では誤解を招きやすいため、全て和暦に直して論じていくこととする。

18 石塚裕道『日本資本主義成立史研究』（吉川弘文館）一九七三年、三二頁には「……井上財政は、留守政府のなかで大蔵大輔の井上が孤立し、渋沢とともに大蔵省を辞任した明治六年（一八七三）五月までの約一年一か月の期間をさす……」とある。

19 大久保が大蔵行政に疎かった史料的根拠としては『木戸孝允日記 第二』（日本史籍協會）一九三三年、七四頁にある「大久保大藏卿來る會計の事暗く當職に安せさるの内話あり」が挙げられる。

20 例えば明治四年九月二十五日付大隈宛三条書簡『大隈重信関係文書 第一』（日本史籍協會）、一九三二年、四〇四頁には「大久保大藏卿洋行被仰付候上者大藏省之處井上少輔專任無之而者同省之事務相擧不申同人義能々納得不仕候而者如何と懸念仕候……」との記述があり、大久保の洋行と大蔵省における井上の大蔵行政に対する能力が記されている。

21 例えば『伊藤博文関係文書 一』（塙書房）一九七三年、一三〇頁には「……九月十四日附にて木戸より一封を落掌仕候処、頗る不平之文意に有之候。定て内国より種々之小言を申遣し人も可有之哉。併生方今浮薄軽卒之処分多く候は丶御教諭奉祈候。決て生之心事は老兄之外敢て知る人も無之、朋友之在不在を以て友誼之情を尽し或は尽さぬ抔之心底無之候。別紙一片差出候間御読可被下候。如何して木戸翁如此書状御認有之候哉。又格別邪魔と申候覚も無之、併木戸先生より見捨らるれは致方も無之、強て弁解も不仕候。……又木戸も生を快く不被思ときは生も今日の職掌を相勤候故友道も全する不能、四方よりも敵視を蒙実に愚に不堪候間、辞職し一商と相成度覚悟に候間、思居之程是非とも御忠告奉祈候。自然も老台迄も世間之風説を以生を軽薄才子と被思召候様之御心事も候は丶致方無之候。決て老台に於て敢て不疑候故右様申上候次第に候。些少之風説を聞て不可欠乏友誼を誤候は遺憾至極に奉存候。……」とあり、井上が他者から疎んじられている様子や、長州閥の代表的立場にあった木戸にも不快感を持たれていることが記されている。

22 前者は田村貞雄「留守政府の予算紛議」『近代日本の国家と思想』（三省堂）一九七九年で、後者は関口栄一「明治六年定額問題――留守政府と大蔵省四」『法学』、第四四巻、第四号、一九八〇年となる。その他にも前掲石塚裕道『日本資本主義成立研究』、丹羽邦男『明治維新の土地変革』

（御茶の水書房）一九六二年などの書籍で研究がなされている。

23 「九州地方賊徒征討費決算報告」『太政類典 第四編』（国立公文書館所蔵）。

24 前掲「九州地方賊徒征討費決算報告」。

25 「通貨ノ制度ヲ改メンヿヲ請フノ議」『大隈文書 第三巻』（早稲田大學社會科學研究所）、一九六〇年、四四七頁。

26 藤村通「明治三二年の四分利付外国公債」『経済論集』、三三号、一九八二年。

27 日露戦争時の外債発行をテーマとした著作物は、松村正義『日露戦争と金子堅太郎』（新有堂）、一九八七年や、鈴木俊夫「戦争をめぐる経済と社会 日露戦時公債発行とロンドン金融市場」『日露戦争研究の新視点』（成文社）、二〇〇五年、下重直樹「日露戦後財政と外債問題」『近代史料研究』第四号、二〇〇四年などがある。

第一章

九分利付外債の目的と募集

明治二年四月～明治三年閏一〇月

（一）はじめに

本稿冒頭ですでに触れたように、明治期における外債募集は九分利付外債から始まった。これは一般投資家向けの公募形式をとった我が国最初の外債でもあった。目的は「内國ニ鐵道ヲ敷設シテ運輸交通ノ便ヲ開キ一般經濟ノ發達ヲ計ル」[1]こと、すなわち鉄道敷設のためである。

鉄道と我が国の関わりについては、例えば江戸時代末期にマシュー・ペリーが鉄道模型を幕府に献上したことが有名であり、その後、政府内で周知されていった。日本国の近代化を促進するための一施策として、とりわけ肥前佐賀藩出身の大隈、英国に留学経験のある伊藤は先進国の技術である鉄道を導入したいと考えたのである。

その一方で、明治二年という時期は政府の政権基盤が不安定な状態であった。すなわち大名、公家といった守旧派も政府中枢に配置し、彼らに一定の配慮を払わなければいけなかったのである。このような政治状況の中、政府が鉄道敷設に踏み切った背景には、どのような経緯があったのか。まず、この点について明らかにしたい。

そして明治二年、政府は鉄道敷設のための資金を借りるため、レーと契約を結んだ。しかし、この契約には不可解な点が多く、なぜレーという英国人を信用したのかなど、いくつかの疑問が生じてくる。契約のいきさつもさることながら、次にこれらの疑問点についても明らかにしていきたいと考える。

明治三年になると、レーは政府の意図に反して九分利付外債を発行した。これに対して政府はレーに任せていた代理人の職を解いて、東洋銀行にその職の代行を委任する決定を行った。しかしレーの解任にともなって彼の発行した九分利付外債が取り消されることはなく、むしろ同外債はそのまま市場で流通することとなったのである。九分利付外債が起債されてから、その後、どのような経緯を経て、政府がかの外債の流通を許さざるを得なくなったのかという点についても最後に論じていきたい。

（二）鉄道敷設計画と外資導入

新政府発足以降、鉄道敷設計画が持ち上がったのはいつ頃からなのであろうか。

慶應三年一二月九日、王政復古の大号令の下、すでに新しい政府が発足していたにもかかわらず、同月二三日、幕府老中小笠原壱岐守と米国人ポルトメンとの間に、東京、横浜間の鉄道敷設に関する契約が結ばれていた。[2] これは大政奉還後も徳川慶喜が日本国の統治権を完全に放棄していなかったためである。[3] 結局、戊辰戦争の推移の結果、幕府の敗北が決定的となったことで壱岐守とポルトメンの約定は白紙撤回され、[4] 幕府と米国間の敷設計画は構想段階で頓挫することになった。

政府内部で計画が現実味を帯びてきた時期はというと、明治二年四月二五日付の大隈に宛てた寺島宗則の書簡には「東京横濱之間鐵道……前二條ハ兼而御承知之事」[5] と記されていることから、戊辰戦争終結以前の明治二年四月には鉄道敷設計画が持ち上がっていたことが推測される。しかし鉄道敷設のためには多額の資金が必要となり、この資金の捻出には困難が伴っていた。

資金捻出の方法としては、まず政府の予算より支出して建設する方法があるが、当時、政府の財政は戊辰戦争の戦費支出や財政基盤の脆弱さもあって逼迫しており、歳出から敷設費用を捻出することは不可能であった。[6]

次に国内の資金を活用して政府が建設する方法もある。しかし発足して間もない政府の信用は低く、かつ国債を発行しても募集がままならない状態であったため、資金繰りの面からも鉄道敷設は困難であった。[7]

こうした中で、政府の歳出によらない鉄道敷設を唱えた人物がおり、それが駐日英国大使ハリー・パークスであった。[8] パークスは政府に対して鉄道を敷くことを熱心に勧めたとされておりこの点について前掲の寺島が大隈へ宛てた書簡には「昨日歸港之英公使江差越候處…東京横濱之間鐵道ヲ日本商人江爲作候事」[9]と、パークスから商人の資力を使った鉄道敷設を勧められたことが記されている。

このパークスの勧誘に応じて敷設を推進しようとしたのが大隈、伊藤であった。大隈は会計官副知事という職務にあって運輸や交通の発達のために鉄道敷設に積極的であり、[10]伊藤もまた、その留学経験から大隈と同じ考えをもっていた。[11]彼らは商人の参入を促すには、まず政府が東京―横浜間などの一定区間の路線を敷設する必要があると考え、[12]なんとしても政府による資金調達を実現すべしとの結論に至ったようである。

この時、大隈、伊藤にとって思いも寄らぬ朗報が舞い込んできた。明治二年九月、パークスが大隈と伊藤にレーという英国人を紹介してきたのである。[13]

パークスは清国での赴任中にレーと知り合い、[14]その後レーは帰国する際に日本在留のパークスを訪ねて、敷設資金を明治政府に提供する旨を申し出た。[15]

早速、パークスは大隈、伊藤を呼び、自説の鉄道敷設を提案した。大隈たちが資金難を理由に困難であることを告げると、レーが友人から資金を調達することを申し出た。[16]資金繰りに苦しんでいた彼らにとって、レーの申し出は鉄道敷設のためのまたとない機会となったのであり、この時の会談は、以後、大隈、伊藤が鉄道敷設を強く主張する動機付けにもなっていった。[17]

また、この年は鉄道敷設のための絶好の材料も持ち上がった。東北地方や九州で饑饉が発生し、北陸の余剰米を運ぶための効率的な輸送手段を持ち得ていなかったことが問題となったのである。[18]このような事態をうけて、外務省は一〇月に太政官に対して鉄道敷設を建議している。[19]

蒸氣車之儀ハ近來西洋各國專流行ニ而國內河海船運不便之國々幷瞬刻時限を惜致往來候事柄ニハ必用之器械ニ有之由之處

御國ニ而者未其器械幷車道とも無之容易ニ難取開毛の之由乍去追而ハ是非とも東京ゟ西京大坂之間又ハ東京ゟ陸羽

邊之間迄車道取開度左候得ハ數百里之陸程纔一晝夜之間ニ而循環往復以当し御國方今米穀其他之物品缺乏騰貴之患を救融通平均以當し候者勿論曠漠不毛之原野開墾之利潤を起候儀ニ而別而非常緩急之節戒嚴出兵とも迅速ニ相整富强之爲肝要之毛のニ相聞候間一日も速ニ相開度儀ニ候得共器械之廣大なる幷鐵道嶄開之入費莫大ニ而新奇ニ驚民俗折合方ニ拘り一朝夕ニ整兼候間追而遠路マテ連續致し候發起之見本登して差向東京ゟ横濱迄之間ハ土地平坦ニ而河も少く發之業ニ者功成り易く田畝を廢し直路を開候とも纔之廢地ニ而高千石迄ニハ及申間敷且汽車貨物車買上鐵道土木之費迄凡金五拾萬兩餘有之候ハヽ粗出來可致哉ニ有之右入費出方之儀ハ現今横濱神奈川之海岸埋立入用金貳拾萬兩餘之高壽ら横濱商人共出金以當し候程之儀ニ付猶蒸氣車之儀も御布告相成候ハヽ後來之利金を目的ニ出金以當し鐵道を仕懸ヶ候志願之者も有之樣子ニ承り及ヒ敢而政府御出費ニ不相成其功成就可仕哉と被存候間左候得ハ前書廢地之分ハ車道之税ニ而十分仕埋方出來可致……

建議書の冒頭では国家における蒸気機関車の有用性を説いている。すなわち大坂、京都、東京を鉄道で結ぶことによって、流通、兵員の輸送を円滑に行うことができるとしている。また「東京ゟ陸羽邊之間迄」というくだりは、おそらく先述の饑饉をも意識したものであろう。その反面、敷設費用も莫大なことから、まずは東京と横浜に線路を引くことを建議している。そして、その費用は商人たちが出資するため、「政府之御出費ニ不相成」とも敷設することが可能であると記されている。

一一月五日には三条実美の屋敷において、岩倉具視、澤宣嘉、大隈、伊藤がパークスと会見を行っている。[20]その際、政府側が「今日御來會之義者蒸氣車鐵道幷傳信機取設方之事ニ候也……取設候義者判然政府ニ於て確定相成居候就而者我大藏省ニ關係有之故大隈大藏大輔伊藤大藏少輔も出會御談話及候[21]」と述べていることから、この会見において公式に鉄道敷設が決定されたこととなろう。また「右ニ付而者追ミ大隈伊藤ゟ御相談申入候間何分御添心御頼申候[22]」と申し述べていることから、実務は大隈と伊藤の担当であったことが推測できる。

なお、この場においても敷設費が問題となったが、政府側は「銕路ニ付而者會社を建候へ者商人共ゟ金子差出し利分を争ひ出金致壽者澤山有之候」[23]と答えており、計画実行についての財源は問題ないことを示していた。しかし実際には金利面において商人との間に折り合いがつかずに資金を集めることができなかったため[24]、鉄道敷設のためにレーの資金は必要不可欠となっていた。

岩倉、パークス会談の結果が鉄道の敷設決定を意味することは、ほぼ間違いないであろう。しかし敷設のための外資導入については未だに太政官の決定をみておらず、五日後の一〇日に評議が行われた。[25]当時、太政官は右大臣に三条、大納言に岩倉、徳大寺実則、鍋島直正、参議には副島種臣、前原一誠、大久保、広沢真臣が就いており、大隈、伊藤が説明のために廟堂におもむいたようである。[26]

外国資本の導入は日本の植民地化につながる恐れがあることから全体的に反対論が多く[27]、賛成者は岩倉、鍋島、木戸のみで、数の上では劣勢であった。[28]しかし大隈、伊藤の説得もさることながら、結局、岩倉が反対派を説得して外資導入が決定した。[29]この結果、一〇日付で大隈と伊藤が、一二日付で伊達宗城が加えられて鉄道敷設に関わる資金調達の全権を委任された。[30]

(三) 契約締結からレーの帰国まで

太政官の決定をみたことにより、大隈、伊藤は一二日にレーと最初の契約を結ぶことになった。政府とレー個人との間で結ばれた契約書[31]（以下「第一約定書」）と、レーが資金調達にあたって必要だと考えたときに示す委任状[32]（以下「第一命令書」）が取り交わされたのである。

第一約定書は全六条で構成されており、特に今回の事案と関わりの深い条文を抜粋すると以下の内容となっている。

日本政府ト英吉利人士「バツスヲルタル」爵「ホラシヨ、ネルソン、レー」トノ間ニ共認協約スル條款。
第一「ホラシヨ、ネルソン、レー」若クハ其相續人、及ヒ其遺言ヲ施行スル人ハ英貨壹百萬「ポンド、ステルリング」ノ金額ヲ、下項ニ列記スル要約ニ照準シ、日本政府ニ稱貸スルヲ領諾ス。
第二「ホラシヨ、ネルソン、レー」若クハ其相續人、及ヒ其遺言ヲ施行スル人ハ、西暦千八百七十年第五月三十一日ニ此金額ヲ倫敦府ニ准備シ、千八百七十年第七月三十一日以内ニ此金額ヲ日本横濱ニ輸漕シテ、日本政府ニ交解シ、若クハ其金額ヲ横濱ニ准備スルヲ確約ス。……
第三　日本政府ト「ホラシヨ、ネルソン、レー」若クハ其相續人、及ヒ其遺言ヲ施行スル人、其金額ヲ掌管スル人、代理スル人、其社トノ間ニ公債金ノ子母ヲ償還シ、及ヒ年々ノ利子壹割貳分ヲ六个月毎ニ支付スルカ爲メニ左項ノ順序ヲ約定ス。……

第一条を見る限り、レーが政府に対して一〇〇万ポンドを貸し付けるという事以外は書かれておらず、この契約が公債の性質を有するのかどうかは不明である。第二条には明治三年五月二日までにその資金を用意し、七月二日までに日本に輸送することが決められている。第三条において、ようやく「公債金」、「壹割貳分」といった公債を想起させる文言が出てくる。このように、この約定書を見るかぎり公債を募集するかどうかという点については曖昧になっていると評価できよう。

続いて第一命令書を見てみると以下のような事が記されている。

日本天皇陛下宣ス
內國ニ土功ヲ創興シ以テ鴻益ヲ謀リ、其他種種ノ目途ヲ達センカ爲メ、我政府英貨壹百萬「ポンド」、即チ墨銀四百五拾萬「ドルラル」ノ金額ヲ稱貸スルヲ要ス。而シテ此金額ハ一人或ハ數人ノ債主ヨリ之ヲ資借シ、下文ニ記載スル抵當物ヲ準備シ、其子母ヲ償消セントス。
余等此命令書ニ照據シテ公債ヲ募集スルカ爲メニ、其獨斷ヲ以テ母金償還ノ期限ト料理ノ方法、利子ノ比例ト支付ノ方法ヲ決定スルノ權ヲ、英吉利國人士「バース、オルダル」爵「ホラシオ、ネルソン、レー」ニ委任シ、併セテ此事ヲ料理セシムルニ適當ナリト認定スル者一人又ハ數人ヲ鑑撰シ、證書、契約書、保證書、抵當書等ヲ結約施行スルノ權ヲ付與ス。

この命令書の第一段落には、具体的な借り主について「一人或ハ數人ノ借主」とあることから、大隈たちが望んでいるレー及びレーの友人からの個人的な借り入れのようにみえなくもない。しかし第二段落を見ると「公債ヲ募集スル」という文言が含まれており、償還期限、金利など公債募集の条件に関してもレーに全権を委任する文言が明記されている。

のちに大隈が「外債と云ふ、今日は誰も知つて居るが其當時に於ては金を借りると云ふ今日のローオンと云ふ言葉を知らない、餘程其當時の物知もローオンと云ふことを知らないさう云ふ時代で外國から金を借りると云ふことは、即ち日本政府が一個人から借りる如く心得た」[33]と語っているように、大隈、伊藤ともにローンという単語の意味を正確に理解していなかったため、彼らは個人資産の貸借から公債募集へとすり替えられたことに気がつかなかったと考えられる。

第一命令書の続きは以下のようになっている。

且ツ余等今、「ホラシオ、ネルソン、レー」身躬ラ證書、契約書、保證書、抵當物等ヲ結約施行シ、大小ノ事務ヲ料理スル乎、或ハ一人數人若クハ會社等ヲ以テ自己ノ代員ト爲シ、日本英吉利等ノ地ニ在留シテ證書、契約書、保證書、抵當書等ヲ結約施行シ、之ニ其信印ヲ鈐セシメ、之ヲ要スルニ其人、其社ヲシテ「ホラシオ、ネルソン、レー」ニ委托スルト同一ナル全權ヲ、「ホラシオ、ネルソン、レー」ニ付與シ、其獨斷ヲ以テ公債利子ノ支付及ヒ母金ノ償還ヲ料理シ、期限、場地、方法及ヒ年賦ノ比例等ヲ量定スルノ權ヲ、「ホラシオ、ネルソン、レー」或ハ代理スル其人、其ニ併授ス。

余等此公債子母償還ノ抵當トシテ、我帝國ニ自今徴收スル海關税及ヒ將來造築スル鐵道車、卽チ東京ヨリ大坂ヲ經テ（或ハ相當ナル建築工師ノ決定ニ因リ京都ヲ經テ）兵庫ニ至ルノ一線ト横濱ニ至ルノ一線ト、琵琶湖ヨリ敦賀港ニ至ルノ一線ニ由テ、旅客及ヒ物貨ヲ運送シテ収入スル金錢ヲ、「ホラシオ、ネルソン、レー」或ハ代理スル其人、其社ニ抵當シ而シテ余等及ヒ我政府ハ「ホラシオ、ネルソン、レー」或ハ代理スル其人、其社ヨリ命スル建築工師ノ指揮ニ照依シ、速カニ其鐵車道ノ造築ニ開工シ、此命令書ヲ下スノ日ヨリ三年乃至五年以内ニ成功スルノ豫算トス。

余等此公債子母償還ノ爲メニ、前文ニ掲記スル海關税、鐵車道ノ収入金ヲ公収シテ、之ヲ適當ト認定スル其人或ハ其社ノ爲メニ、倫敦若クハ他ノ地方ニ運送スルノ措置ヲ施コスノ權ヲ、「ホラシオ、ネルソン、レー」或ハ代理スル其人、其社ニ委任ス。

余等前文ニ記載スル海關税鐵車道ノ収入金ヲ此ノ目途ニ抵當シ、及ヒ「ホラシオ、ネルソン、レー」或ハ代理スル其人、其社結約施行スル證書、契約書、保證書、抵當書等ヲ確定許認シ、其書類ヲシテ恰モ我政府結約スル者ト一般ニ確實ナラシムルカ爲メニ、時々必要ノ文書ヲ公告スルヲ訂約ス。


日本、英国の地にレーの代員を置くことを許可し、レーと同様の権限を有することを認めている。また抵当には海関税、大坂を中継地とする東京―兵庫間、東京―横濱間の各路線、琵琶湖畔を通る敦賀への路線の収入が充てられた。

こうして大隈や伊藤は第一約定書、第一命令書の不備に気がつかないまま、レーとの契約を結んだ。しかし、この時点で契約に疑念をもち始めた人物もいた。[34]

一昨出港以來追々十一番会社へも引合、新貨切手之儀も一通仕立書認意外之能氣付も有之、大に爲後來我政府之御爲にも可相成乎と推考仕候。巨細歸府之上逐一御商議可申上心得に御坐候。レー一條も追々及熟議候処今日十一番会社レー罷越、ロベルトソンに面話之上右條約面を以てロベルトソン不服之廉々及論白、レーより返答之出来兼候ヶ条も數件有之、隨分十分に後害を除避する之策有之見込に御坐候。到底条約書調替に歸著之外策有之間布、ロベルトソン勘考にても熟談可相叶見込に御坐候。いつれ明日午時に十一番会社レー罷越、詳細に兩人相議可申筈に御坐候。既に三十万ポンド龍屯府に相殘候分はヲリエンタルバンク江相預候儀、我政府におゐて相望候へは當人異議無之段相答申候趣に御坐候。尙鐵路より得る利益金竝に諸運上所税金を以質と致候時は、後來右之取立方等に就而も種々難題出來可致、當今日豫め其難を避け兩方混雜を不生様取極置度見込等ロベルトソンより論し候處、右等之儀レー儀兼而一定之確論無之、餘程困窮仕候趣に被察申候。乍然僕其席に出會不仕候に付、承り候處を以推察仕候儀に御坐候。

レーとの契約後、伊藤が政府の新通貨発注のことで横浜東洋銀行支配人ロベルトソンを訪れた際、レーとの一件も彼に相談した。すると、一二月九日、ロベルトソンはレーを東洋銀行に呼んで今回の契約について、数々の疑問点を問いただしたがレーからの回答は十分ではなかった。このやりとりを聞いていた伊藤は、のちに起こる可能性のある揉め事を避けるため約定書改定の必要性を感じ始めたようであり、ロベルトソンも双方が折り合いをつけることは可能だという見解をしめした。特にロベルトソンは抵当に入った鉄道の収益金の取り決めについて問題が発生するかもしれないと指摘したため、結局、翌日の一〇日の午後にロベルトソンとレーが再び会談し、詳細をつめることとなった。

ロベルトソンがレーとの交渉に乗り出したことで、伊藤、大隈は今回の契約の危険性に気づき始めたかもしれないが、ロベルトソンの助言もあったため、その後、この契約が大問題になるとは思っていなかったであろう。またロベルトソン自身も伊藤や大隈の意図すべてを把握していたわけではなく、十分に彼らを補佐することは叶わなかったようである。実際、明治二年一二月二二日に改定された第二約定書の第一条は、以下のように改定されている。

日本政府ト英國人士「バッスヲルダル」爵「ホラシヨ、ネルソン、レー」若クハ其相續人及ヒ代理人等トノ間ニ共認協約スル借款

第一「ホラシヨ、ネルソン、レー」若クハ其相續人及ヒ代理人等ハ、明治二年己巳十一月十二日、卽チ西暦千八百六十九年第十二月十四日ノ命令書ニ依リテ日本政府公債ノ稱募ヲ委任セラル。且ツ其同日ノ約定書ニ依リテ此公債英貨百萬「ポンド、ステルリング」ノ金額ヲ日本政府の交解スルヲ契約スルニ由リ、日本政府ハ更ニ下項ニ記載セル目途ニ供スルノ費用ノ爲メニ、此公債金ノ額内三拾萬「ポンド、ステルリング」ヲ倫敦府ニ留存スルヲ、「ホラシヨ、ネルソン、レー」若クハ其相續人及ヒ代理人等ニ委任スルヲ訂約ス。

条文の中には随所に「公債」という言葉がみられる。また第二命令書においても、「公債」という文言が多用されていることから、この時点では完全に個人資産の貸借から公債の募集へと変貌していることがわかる。しかしながら、この約定書、命令書には、伊達、大隈、伊藤のほか、澤、寺島が加署捺印しているにもかかわらず、寺島でさえも、この問題に気がつくことなく、事態は進行することになったのである。

このあとレーの代理人としてトロートマンが指名され[35]、レー自身は公債募集のために英国に帰国の途についた[36]。

（四）契約をめぐる諸問題

1　契約におけるレーの意図

前項においてレーが「公債」という文言を第一命令書、第一約定書に組み入れて、私的借款から公的借款にすりかえたことはすでに述べた。彼が政府を欺いた背景には以下のような理由があった。[37]

日本政府九朱公債の儀ニ付訴訟人「フヱールヘール」氏及「スミス」氏、相手方「レー」氏雙方裁判之事。
但し右訴訟人ニ甲乙二種あり。
其甲組ハ「トマス・フヱールヘール」氏及甲必丹
「セラルト・オスボン」氏　訴訟人
「レイ」氏　相手方
其乙組は「ウヰリアム・スミス」氏及「アウガス」
「チコスヘンリーノウヱーソン」氏　訴訟人
「レイ」氏　相手方

右訴訟の濫觴ハ訴訟人前顯四名の者ハ何れも蒸氣機械社、電信制作社、銀行等の世話役を勤め、兼而より會社を結ひ事務を共にせしもおとなり、爰に「レー」氏なるものあり。夫ハ能く東洋事情を辨し支那文をも解せし人なるゆへ、右四人のもの「レー」氏と謀り同社を結ひ、同人を支那へ遣し支那政府へ建白して、鐵道竝ニ電信機其外の制作を興さしめ、其の費用に供せんが爲め同國政府の公債を發行すべき免許を得、其利益を共せんと企たり。右の策成就の上ハ「レイ」氏ハ旅費の外ニ二千封度の周旋料を得、其外の利益ハ六割にして内二ハ「レイ」氏之を取り、跡四ハ四名へ配當せんとの約束なり。此相談整ひければ四名の者より一千封度の金を「レイ」氏へ前渡にして、同人ハ頓て支那國へ赴きたり。是實に紀元一千八百六十九年の事なり。「レイ」氏支那ニ至り右策略の通種々周施したれとも望も逹せさりしかば、同年末支那を去り日本ニ至り、兼てより日本國通用の支那文を解せし便ニよりて直様同國役人ニ面接し、同國政府より一百萬封度の國債を興すと鐵道を造るとの二箇條の免許を得て、其理事官とぞ命せられたり。

この史料は明治六年一月二九日付の「タイムス」に掲載された記事で、「トマス・フヱールへール」ら四名の訴訟人とレーとの公事裁判の模様を示している。レーは四人と話し合い、当初、清国政府を動かして鉄道、電信事業のための公債を発行させせることを企図していた。この計画がうまくいって利益を得ることができれば、レーは旅費、斡旋料二〇〇〇ポンドの他に、この利益の三分の一を得ることができ四人は残りの三分の二を得ることとなっていた。この取り決めにより四人は一〇〇〇ポンドの前金をレーに渡し、明治二年、レーは清国に向かった。[38] しかし清国での計画は頓挫したため、日本に来て同じ手法を取ると今度は成功したということが記されている。

つまりレーは日本で行った一連の出来事を、まず清国で実行しようとしており、彼は前金を受け取っていた手前、なんとしても利益をあげる必要があったということがわかる。これらのことからも、レーは最初から日本政府と私的借款の契約を結ぶつもりはなく、公債募集を目論んでいたことが明白である。

2　レーに対する過大な信用

幕末より明治初期にかけて、利権獲得のために日本を訪れて鉄道敷設を願い出る外国人はレー以外にも前述の米国人ポルトメンなど多数いたという。[39] 数いる外国人の中で、大隈、伊藤がレーを信用した理由は以下の二点が挙げられよう。
まずレーを紹介した人物がパークスであったことが大きな要因として挙げられる。パークスは慶應元年より駐日英国公使として赴任し、仏国との対抗上、薩長を支援してきた。また彼は戊辰戦争の際には、いち早く局外中立を宣言し、欧米列強の戦争介入を阻止する役目を果たしたり政府に東洋銀行を紹介したりするなど、政治上、財政上において新政府に大きく貢献してきた。このようなパークスの政府に対する過去の貢献が大隈たちを安心させたのだと考えられる。
次にレーの身分が挙げられよう。当初より彼は「バース、ヲルダル爵[40]」を名乗っており、爵位を有する貴族であることを大隈たちに告げていた。大隈たちはネルソン提督の末裔の如く思っていた節もみられ[41]、このような先入観がレーを信用してしまった一因と考えることができる。

3　金利の妥当性

先述のように明治二年一一月一二日時点で、政府とレーとの間に締結された約定書の金利は一割二分であった。この数字は当時の政府の立場からすると妥当であったのか。後年、伊藤は金利の妥当性について以下のように語っている[42]。

……明治元年に横濱の東洋銀行より五拾萬圓の金を借りた、確か横須賀の爲めに金を拂はなくてはならぬ舊幕が借りて居る借財を拂はなければならぬと云ふので、此利子は一割五分であつたやうな譯でありますから、中々我々は當時の利息の割合に於て一割二分でもよいと考へたのは形勢止むを得なかつたのであります……

元治元年一一月一〇日、江戸幕府は横須賀製鉄所の設立を計画した。当時、仏国は幕府を援助していたため、駐日仏国公使レオン・ロッシュが本国の意を受けて、技術・資金面においてその設立に協力したのである。慶應元年七月一一日、幕府は仏国人ウェルニーを雇って製鉄所は稼働し始めたものの、[43]幕府の管轄下にあった時期は短かった。やがて明治維新によって幕藩体制が瓦解し戊辰戦争が開始されると、明治元年四月二〇日、製鉄所は新政府によって接収された。[44]しかし仏国はこの接収に異議を唱え、接収と引き換えに幕府の負債五〇万両の返却を求めてきたのである。これに対して新政府は戊辰戦争の戦費にも事欠く有様で、五〇万両を用意することは困難をともなった。

この際に政府の窮地を救ったのがパークスであった。大隈、小松帯刀、寺島がパークスの元に相談しに行くと、東洋銀行に紹介状を書いてくれたのである。東洋銀行から五〇万両の資金を借りることができた大隈たちは、仏国に幕府の負債を返済し問題を解消することができた。この際、五〇万両の金利は一割五分であったが、差し迫った危機を前に金利の多寡を論じている状況ではなかったため、やむにやまれず大隈たちは借金をしたという。[45]

また先述のように鉄道敷設事業に関わる資金調達の目途や建設費について、明治二年一〇月、商人たちに問い合わせをしてみたところ以下のような回答を得た。[46]

右様御國益可相成義、外國人之手を借り候義ハ如何ニも残念之至りニ付、不及なから茂私共自力を以取建申し度と段々心配も仕、仲間中迄も評議相盡し、種々説得仕候得共、何ニ分其理ニ暗く衆議一決仕兼、殆と手段盡果、歎息罷在候處、幸ひ亜國商人之内

皇國御爲筋之御入用金ニ候ハヽ、金ニ任せ何千万兩ニ而も貸呉候義之趣、傳承仕候ニ付、早速応接およひ其虚實を相糺候處、全く相違も無之、同國之義ハ御國とハ萬而親鄰之間柄故、多少ニ不拘金子用立可申、尤返金之義ハ、安利ニ而も年限之後一時ニ元金返済仕候義ハ引當も莫太ニ相成、差支可申候ニ付、毎年金高之壹割五分宛相拂、三拾ケ年賦成し崩しニ而宜敷趣、乍去政府御印紙無之□而ハ難叶旨申仕り候間、私共篤と熟考仕候處、東京・横濱之間へ蒸氣車取建候入費四拾萬両と見積り候共、大略之義ニ付、拾萬兩餘計ニ見込、五拾萬兩を蒸氣車買入代料竝轍路取建其外諸入用金といいたし、……

レーの申し出が九月であり、この問い合わせは一〇月であったことから、この時期は内外資本どちらを元にして建設するのか、大隈、伊藤は模索中であったのであろう。

この見積もりによれば、蒸気機関車及び東京横浜間の鉄道建設費は約五〇万両、その金利は一割五分であった。つまり日本国内で資金を募れば、横須賀製鉄所接収時における東洋銀行からの五〇万両の借金と同様の金利を課されることとなる。

以上のような事情があったため三分安いレーからの借り入れに関して、大隈、伊藤ともに、金利の設定は妥当だと判断したことが推測される。

（五）九分利付外債募集と明治政府による代理人抹消

レーはロンドンに戻ると、早速、日本の外債募集を請け負う会社を探し始めた。当初はロンドンの「「ロスチヤイルト」社、「トムソン」社、「ボナルド」」社といった会社に依頼しようとしたが折り合いがつかず、最終的にはパリの「エルランゼー」社が引き受け、ロンドンの「シユロウダル」社が実際に事務を取り扱うことが決まった。[47]かくして、明治三年三月二三日、「倫敦「タイム」ス」[48]に外債募集の公告を掲載するに至った。その外債のおおまかな条件は以下のようになる。[49]

日本帝國政府海關稅抵當公債
但シ募集總額英貨百萬磅

右募集ニ應スル者ノ爲メニ發行スル證書ハ英貨百磅五百磅及ヒ千磅ノ三種ニシテ各千八百七十年八月一日ヨリ年
九分ノ利子ヲ負フ所ノモノナリ
（逐次拂入ノ金額ニ對シテハ六分ノ利子ニ付ス）
償還ハ倫敦ニ於テ毎半期ニ行フヘシ
但し千八百七十三年八月一日ヨリ始メ十年同抽籤ノ方法ニ依リ十三年間ニ同價ニテ償還スヘキ事
發行價格九割八分
「ヂヱイ、ヘンリイ、シロウダル」會社ハ日本帝國政府ヨリ充分ニ權利ヲ附與セラレタル公債募集特命委員英國男爵之貴族「ホラシオ、ネルソン、レー」氏ヨリ左ニ掲クル條款ニ遵ヒ該公債ノ拂入申込ヲ引受クヘキ委任ヲ受ケタリ……該公債ハ特別ニ日本帝國ノ海關税其他諸税且ツ後文ニ說明スヘキ鐵道ノ純收入ヲ抵當ト定ムルモノニシテ
……

明治政府の募集総額は一〇〇万ポンド（約五〇〇〇万両）、金利は年九分、発行価格は額面の九割八分とし、償還期限は一三年、抵当は「海關税」、「其他諸税」、「鐵道ノ純收入」となっている。すなわち、これでは一〇〇万ポンドの借り入れに対して、日本全国の徴税権と鉄道収入が抵当に充てられていることになる。ここでも第一、第二命令書で結ばれた海関税及び鉄道収入を抵当とするという契約を、レーが拡大解釈させて新聞に載せたことがみてとれる。[50]

やがて、この新聞記事が日本に届けられ、大蔵省翻訳掛の塩田三郎が読んだこと[51]から問題が表面化した。おそらく彼が入手した時期は、明治五年五月二〇日前後であったと思われる。[52] 以下は五月二三日に大隈宛の伊藤書簡であるが、伊藤が終始、狼狽し善後策を模索している様子がわかる。[53]

最指當緊要之事件は十一番会社を政府之名代人に命、レー或は同人之名代人不日來着候へは爲引合一切此方に応接

可仕儀を相拒候事、彼之奸謀を防禦する之一策と奉存候に付、則別紙原譯書相認差出申候間御熟覽、民部卿へも御相談之上御調印明日中御送被下度奉願上候。

レーを政府の理事官という立場から外し、レー及び彼の代理人との面会を拒絶することを決めている。また彼に代わって東洋銀行をその職に任ずることとし、大隈にも同新聞の写しを廻して伊達と善後策を練るように頼んでいる。

この文面に続いて、伊藤は今回の約定のいきさつを振り返っている。

種々討論之末熟考仕候處、レー此地出帆之前金は同人親友に富豪之者有之候に付同人申合調達可致、兼而相話候而已ならす英公使へも同様相語候趣に而、全く我を欺き歸國之上公然借財之體に取行、則別紙紙圖面に相添居候新聞紙にて普公布致候儀は意外之事と奉存候。且壹割二歩之利足と取極置候儀は、友人且は己之有する金に無之而者予難取極筈に有之候處、新聞之上に推察仕候へは九分之利足に而三歩は己之私益に致候心得に可有之、左すればコムミシヨネル之職掌に於て不当に可有之、大凡是等之箇條を以責候時は自勝利可有之乎と洞識仕候。且我政府に於ても命令書を與へ約定取極候節之意、レー今日之處置振りに及候儀とは不相心得、此儀は英公使も確証人に可有之、決而彼逃避可仕譯には參申間布奉存候。

そもそも来日したレーは自身とその友人の自己資金で鉄道敷設費をまかなうと、大隈、伊藤、パークスに話していた。しかし、それは全くの偽りでレーはロンドン帰国後に新聞に広告を出して外債募集を行っていた。政府は彼らの個人的な資産の金利として一割二分を払うと決めたが、新聞を読んでみると今回募集される外債の金利は九分で、残りの三分は手数料としてレー自身が私腹を肥やそうとしたことがわかる。明らかに手数料として三分は不当な額であり、その点を追及すれば政府の正当性は間違いない。レーの行っていることは政府のあずかり知らぬ事でパークスという証人もいるので、彼も言い逃れはできないであろうと伊藤は述べている。この書簡をみても改めて大隈、伊藤がレーに欺かれていたことがわかる。

さらに、この文面は今後の方針について綴られている。

然処レーへ委任且約定取結候儀に付僕惶怕之心を生候儀有之、是は命令書并約定書と二様に相認渡候儀に付是を兩般に用ひ候も難計、彼固より奸猾之奴故如何様悪計を施候も不可期、予防之丈け之手は差置申度、夫故明日之飛脚船便にて我政府之見込は破談乎或は手形買揚乎兩條之中に取極居候に付、十一番に於て何時も応機之處置を致置呉候様相頼置申候。即今新聞之模様を以垂察仕候へは、第一之命令書にて金は相調右命令書はレーより他之バンク之手に売渡候形勢に被察申候。此次はレー之權鐵道造築に付而外國機關者を指揮し事務を管轄する之權可有之様推考被仕候。是以洞察仕候へは全く兩般に分判仕候様成行可申、別紙新聞紙上に而御熟案奉願上候。明日より破談之事を十一番会社に委任する之書面案に取掛可申筈に御坐候。尤熟議之上命令書并約定書に付破談に難至勢に御坐候へは買揚之外術計無之、何の道会社に相托可申外は有之間布に付其都合に取掛可申候。御間暇も御坐候へは於東京英公使へも御引合此害を避る之方略御尋被下候へは、傍以彼を鞠責可仕然奉存候。胸臆書上に而意味充分に難盡に付澁澤へ申含置候に付御聞取可被下候。…

レーに与えた命令書と約定書を狡猾に使い分けて何をしてくるか予想のつかない状態にあることが伊藤を焦らせていた。特に命令書に記されている権利、すなわち鉄道敷設権にまつわる一切の権利をレーが銀行に売り渡すことを事例として挙げている。伊藤はレーとの契約を破棄するか、公債をすべて政府が買い上げるかという二つの政府案を東洋銀行に提示し、状況に応じて手を打ってもらうことを頼んだようである。さらに伊藤は明日には新しい命令書を作るつもりだが、レーに渡した命令書と約定書を完全に無効にすることは難しい情勢で、もしレーが公債を売り出せば政府がそれを買い上げる以外に回収の方法はなく、場合によっては外国の会社に敷設権を獲得されてしまうと考えていた。最後に伊藤は大隈にこの事態をパークスに相談して欲しいと依頼しつつ、委細は渋沢栄一に聞いて欲しいと結んでいる。

翌二四日、伊藤たちは命令書作成に先立ち、横浜東洋銀行に以下の書簡を送って非公式に協力を依頼した。[54]

百萬「ポンド」ノ公債ヲ以テ、「エッチ、エン、レー」氏ノ措置ニ於テ、日本政府カ不満ナル一報ヲ得タリ。當初日本政府ハ、「レー」氏能ク鐵道ノ建築ヲ成功シ、而シテ公債金額内ヨリ其金額ヲ陰密ニ稱募セリ。然ルニ「レー」氏倫敦「ゼー、エッチ、スルーダル」會社ノ代員ヲ冒稱シ、公然タル貸借法ニ依テ、百萬「ポンド」ノ抵當ト爲シ、讓與書ヲ把テ、會社ニ抵當スルヲ、新聞紙中ヨリ檢出セリ。其措置タルヤ、日本政府「レー」氏ト結定スル條約ノ趣意ニ悖違シ、且ツ日本政府ハ今後「レー」氏トノ條約ヲ破解シ、「レー」氏ヲ以テ日本政府ノ代理人ト爲スノ命令ヲ抹銷シ、更ニ改テ貴社ヲ以テ日本政府ノ代理人ト爲シ、而シテ詔書所有者ノ權利ヲ損害セス、恰モ好ク公債ノ事務ヲ料理セシメントス。今此改定ノ爲メニ、卽チ速ニ必用ナル命令書ヲ付與スヘシト雖モ、及ヒ其代理人ヲ貴社ニ差撥ス可シ。宜ク此事件ニ關スル諸務ハ貴社ノ量度ヲ以テ之ヲ措置スヘシ。

前段ではレーとのいきさつについて説明しており、政府が欺かれたことを記している。中段ではレーとの契約を解消し、代わりに東洋銀行にその任を引き受けて欲しいと記され、後段に今後の措置を講じて欲しいと締めくくっている。

なおレーが公債募集をしたことは米国政府でも問題になったのか、同日付で駐日米国公使デロングより澤、寺島に以下のような書簡が送られてきた。[55]

……倫敦ニテエッチ、ヱン、レー氏布告シタリ同人　天皇陛下ノ命令狀ヲ授カリ別段ノコムミツシヨネル或ハミニストル」トナリテ巨細ニ布告セル條々ニ基キ一百萬ポンドステルリングノ金借集メ方ヲ公然ト求メタリ築造スヘキ鐵道ヨリ取立ル正味受取金高ノ外ニ委任セラレタルレー氏右些少ノ金高ニ日本全國ノ運上租税等ヲ質ニ入レタリ……天皇陛下開港場ニテ税銀ヲ取立ル君主タル權ヲ分ケ與ヘラレタリ如何トナレバ日本ノ公ケノ收税ノ場所ヲ質ニ入レ向後英國金貸ノ管轄トナレハナリ然レトモ右ハ信シ難カルヘシ尤日本政府ヨリ英國人レー氏ニ廣大ノ威權ヲ授ケ且委任サレシレー氏倫敦ニテ日本政府分散或ハ金ニ缺乏セル旨ヲ全世界ニ布告シタル事
天皇陛下其君主タル權ヲ勝手ニ振フ事ヲ止メタレバ　天皇陛下其名義アレトモ最早日本國ノ君主ニアラザル事僞ナカルベシ若シ千萬又ハ萬々ポンドステルリングヲ貸ル約定ヲ爲セシナランニハ聊ノ引當ヲ出スモ當然ト解スベシ然レトモ些少ノ壹百萬ポンドステルリングノ金高ニ日本全國ノ運上租税等ヲ質ニ入レルハ自然日本分散ノ姿ニ見ヘ且日本ヲ蔑視スルニ至ルベシ……

日本政府の保持する全徴税権を抵当として、わずか一〇〇万ポンドばかりの資金を公債募集したことは、いかに日本が資金繰りに困っているかを全世界に表明したことと同様であるとデロングは述べている。

この書簡について外務省内でも問題となり、この旨を太政官に通知すること、外債募集の広告が載った新聞を入手すること、大蔵省、民部省と相談すること、レーの持つ鉄道敷設に関する権利は取り消すこと、レーに謝罪をさせることなどが話し合われた。[56]

五月二五日の大隈宛の伊藤書簡には「レーとの条約破談相整、尚新に借用可致に付而者是迄レーに与へ候丈け権を十一番会社へ与ふるに不及申、我政府之免許を受候上大蔵卿輔に委任其取行ひを会社にて致候迄に而可然、左すれは大に将来之為にも顧念無之旁以国家之大幸と奉存候」[57]と、おおよその対策も練ることができたことを記しており、残るは太政官の許可を得るだけとなった。

六月一日には太政官において正式にレーとの契約を破棄し東洋銀行を代理人とする決議がなされ、[58]東洋銀行には正式な命令書がくだされた。[59]その内容はレーの持つ第一、第二命令書はすでに無効となったことを示すため、冒頭にはレーの不正について書かれており、公債募集、鉄道敷設にまつわる権限を東洋銀行に付与することを記したものとなっている。

以後、すべての事務は東洋銀行が請け負うこととなったが、明治政府もこの経過を監督するために官僚をロンドンに派遣することとした。その命を受けたのが上野景範と前島密であり、それぞれ特例弁務使、副使という地位に任じられた。[60] 特例弁務使に上野を起用した理由は、幕末において英国に留学している経験を買ったものと考えられる。[61] また前島を副使としてつけた理由は、以前から駅逓司で鉄道事務に関わっていることで英国で調達されている鉄道敷設のための機材を視察させることが目的と考えられる。

一方、ロンドン東洋銀行のスチュアルトは政府からの命令書を受け取ると、早速、同政府の代理人がレーから東洋銀行に移ったことを書簡で伝え、その証拠として新しい命令書を同封し八月一一日にレーに送った。[62] このことを知ったレーは文中にある自分への非難は濡れ衣であるとして、政府及び東洋銀行に対して徹底抗戦の構えをみせた。[63]

……文中ノ譴責ハ無根ノ冤説ナリト言ハサルヲ得ス……先ツ千八百六十九年第十二月十四日ノ命令書、同月二十八日ノ第二命令書、同月十四日二十三日兩次ノ約定書、及ヒ今年第一月二十九日ノ須知書ヲ照顧スルヲ欲ス。其書類ノ副本ハ足下ノ手裏ニ在リ。其文字ハ英語ヲ以テシ其事旨ハ數月ヲ經テ日本官員ノ議決スル所ナリ。其官員中寺島・伊藤ノ兩氏ハ英語ニ熟達セリ。此書類ハ英國ニ於テ貴社ノ檢査ヲ經由セシハ文中ニ明瞭ナリ。故ニ今余カ差謬ヲ生セリトノ譴責ニ對ヘンニハ、此書類ヲ把テ辯駁シテ足レリトス。英國ノ裁判所モ亦此書類中、其條ハ差謬ナリト言フ事ヲ認許スル者有ラサルヘシ。又此書類ヲ以テ英語ヲ解スル人ノ面前ニ致サハ、文中ノ募債ハ日本官員ノ知ラサル所ナリト言フモ、誰カ能ク之ヲ然リトセン。

第一、第二命令書及び、第一、第二約定書は、英語を理解する寺島、伊藤の関与があって作られた書類であり、東洋銀行でもこの書類を検査したであろうと非難している。また英国の裁判所でこの書類を読んでも日本の主張が正しいと認める者は誰一人いないだろうと述べている。確かに命令書と約定書に伊藤たちの署名がされていることで、状況は日本側に不利であった。

また解約の理由についても双方の解釈に差異が生じている。レーは自己の解雇について「余之ヲ熟考スルニ、余カ其幹事ト爲リ、鐵道ノ敷築ヲ料理シ、三十萬「ステルリング」ノ金ヲ管掌シテ、英國ニ在リテ鐵道ノ器具ヲ收買シ、英人ニ豫支金ヲ交付スル等ノ事ニ於テ、日本政府ハ余ニ對シテ大ニ疑忌ヲ懷ケルヲ知ルヘシ」と記しており、日本国政府に断りなく三〇万ポンドの資金を使って機材を購入し、英国人を雇ったことを非難されての解雇だと勘違いをしているようにも、この文面から読みとれる。

これに対してスチュアルトは以下の書簡を送って反論している。[64]

……百萬「ステルリング」ヲ足下ノ知友ヨリ發貸スヘキヲ足下ヨリ日本政府ニ約定セリ。……日本政府ヨリ足下ニ抵當ヲ付托スルハ、鐵道總費額三百萬「ステルリング」ノ募債ノ爲メナリトスルハ、日本政府ノ意思ナル可シ。……足下ノ約定セシ募債ハ、之ヲ知友ノ間ニ幹辨セスシテ之ヲ世上ニ公布シ、百萬「ステルリング」ノ加入ヲ設開シ、且ツ其三百萬ノ爲メニ豫圖セシ抵當ヲ把テ此百萬ノ加入ノ爲メニ抵當トナセハナリ。……

抵当はあくまでも敷設費の総額三〇〇万ポンドに対してであること、資金調達は公債ではなくレーの知人から借りることが政府の意思であったと述べている。

こうしてレーと東洋銀行の意見が食い違う中、やがて八月二四日には上野たちがロンドンに到着した。交渉が不調であることを知った上野たちは、同銀行からの紹介で法律家の「モルレー」と「ホッチンス」と会い、今後の交渉の仕方について協議した。[65]この時すでにレーは当初の契約の履行を求めて損害賠償を提起している最中であった。[66]もし、この案件が実際に法廷で争われることとなると、政府が不利な状況に追い込まれる可能性もあった。大隈や伊藤の意図に反しているとはいえ、レーとの間には約定書や命令書という形で契約書が残されていたためである。

そこで裁判沙汰を避けてレーとの和解交渉をすすめることで解決を図ることとなり[67]、結局、レーには一万三〇〇〇ポンド、公債発行を請け負った「エルランゼー」社には五万七〇〇〇ポンドの合計七万ポンドの解約金を支払うことで[68]、明治三年閏一〇月一四日に和解が成立した[69]。

なお政府はレーの発行した九分利付外債はいったん回収し、新たに公債証書を発行することを企図したが、一度市場に出回った証書を回収することは困難であった。回収することのできた証書の額面総額は一〇万九一〇〇ポンドであり[70]、全体の一〇%程度にとどまった。すなわち政府はこの公債を追認して、そのまま市場に出回ることを認めざるを得ない状況になってしまったのである。

(六) むすびにかえて

すでに幕末において江戸幕府は鉄道の有用性を認識していたが、新政府の下では、明治二年四月頃から大隈、伊藤を中心に鉄道敷設の論議が活発化していった。しかし国家予算から敷設費用を捻出する、あるいは内国債を募って費用を捻出するなど、いずれの方法も困難であり、敷設を断念しなければならない状況にあったといえよう。こうした状況にもかかわらず鉄道敷設計画は進められていったが、その背景には大隈、伊藤の考えを外部より後押しするパークスの存在が大きかったと考えられる。パークスは熱心に鉄道敷設を明治政府に対して勧め、資金面においてもレーを紹介することで支援を行ったのである。

この時、大隈、伊藤らは資金調達先として三ヶ所の可能性を探ったと考えられる。一ヶ所目は東洋銀行、二ヶ所目は国内の商人、三ヶ所目はレーからの個人的融資である。大隈たちは、これまでのいきさつや商人、レーの見積もりについて勘案したところ、レーから個人的に融資を受けることが最も良いと判断した。財政が逼迫していた政府にとって、できるだけ低金利で資金調達を行ないたいという事情があり、大隈、伊藤はレーからの個人的融資を積極的に選択したと考えられる。

なお大隈や伊藤はレーが資産家であると自称していたため、レー及びその友人から私的に借り入れをするつもりでいた。しかし事実はレー自身が政府のために用意できる資産は皆無で、そもそも彼がアジアに来た理由は清国政府に公債を発行させて手数料を稼ぐことにあった。来日の理由も、清国で失敗した同様の計画を日本で実行に移すためであったのである。

こうして首尾良く大隈と伊藤を欺いたレーは、第一命令書、第一約定書締結の際に公募募集の規定を潜り込ませることに成功した。繰り返しとなるが、レーが大隈たちを容易く欺けた背景としては、パークスの紹介であったこと、レーが有爵者を自称していたことが挙げられる。

その後レーは資金調達、鉄道の機材購入と称して英国に戻ると、九分利付外債の募集を始めたが、やがて、この知らせは塩田を経由して伊藤に届くことになる。驚愕した伊藤は大隈と相談して、この処理を東洋銀行に依頼することとなった。

かくして政府はロンドンに上野を派遣し、東洋銀行とともにレーとの紛争処理を行うこととなったものの、状況は政府側に不利であった。欺かれたとはいえ、命令書、約定書を取り結んだという事実が大きかったからである。そのため政府は円満に解決することを選択し、レーに和解金を支払うことで彼を解任することには成功した。しかし彼の発行した九分利付外債を回収することは叶わず、その流通を追認せざるを得なかった。これによりロンドン市場において、九分利付外債が日本国債の金利の一指標となってしまったといえるであろう。

〔注〕

1 『明治財政史 第八巻』（明治財政史発行所）、一九二七年、一六三頁。
2 明治三年一月六日付、米国公使宛澤、寺島書簡、『大日本外交文書 第二巻第三冊』（日本国際協会）、一九三八年、四六九頁。
3 例えば松尾正人『維新政権』（吉川弘文館）、一九九五年、二四頁には、大政奉還がなされたのちにも、徳川慶喜は英仏など六ヶ国の公使たちと大坂城で面会し、幕府が外交権を保持する旨を伝えていたということが記されている。
4 前掲明治三年一月六日付、米国公使宛澤、寺島書簡、四六九頁には「慶應三年卯十二月廿三日小笠原壹岐守とポルトメン氏約定取結候旨……右約定は同年十二月廿三日則政権返上の遙後にて小笠原壹岐獨斷を以約定および候とも今我政府に於て採用可致謂れ無之候」とある。
5 明治二年四月二五日付、大隈宛寺島書簡、『大隈重信関係文書 第二』（日本史籍協会）、一九三二年、七四頁。なお同書簡によれば二条の内一条は鉄道敷設のこととなる。
6 円城寺清『大隈伯昔日譚』（冨山房）、一九三八年、三五四頁。
7 前掲『大隈伯昔日譚』、三五四頁。
8 明治三五年五月付、伊藤博文演説、「鐵道創業の事暦」『日本の鐵道論』（鐵道時報局）、一九〇九年、三頁。
9 前掲明治二年四月二五日付、大隈宛寺島書簡、七四頁。
10 前掲『大隈伯昔日譚』、三五二頁には、「當時驛路は會計官の司掌する所にて、……運輸交通の發達を努めんには、鐵道を敷設し、且つ之と同時に電信を架設して、全國の氣脈を通ずること……是に於て余は意を決して、此の事業に着手せんと存じ立てり」とある。
11 『伊藤博文傳 上巻』、四九三頁には「公は、曩に倫敦留學の時より、交通運輸の機關として鐵道の利便を看取し、維新後商工業の發達を圖る爲めに、一層鐵道の必要を感ぜしが、自ら要路に立つに及び、先づ、東京、大阪間に於ける鐵道敷設の計畫を樹て、屢ゝ廟堂に建言する所あり……」とあり、伊藤もまた鉄道建設に積極的であったことがわかる。
12 沢田章編『世外公事歴維新財政談』（原書房）、一九七八年、一九一頁には「斯うして政府が建つて置けば、人民が追付け會社や何かにしてやるだろうと云ふ、本當の見本の爲に、大隈さんと伊藤さんが相談して、……」とある。
13 前掲明治三五年五月付、伊藤博文演説、「鐵道創業の事暦」、三頁。
14 前掲明治三五年五月付、伊藤博文演説、「鐵道創業の事暦」、三頁には「此パークスといふ人……彼が嘗て支那に於て働いて居つた時に朋友であつた、レーといふ人があります」とある。
15 前掲明治三五年五月付、伊藤博文演説、「鐵道創業の事暦」、三頁。
16 明治三九年五月付、前島密演説、「帝國鐵道の起源」『日本の鐵道論』、一九〇九年、四五頁。
17 明治三五年五月付、大隈重信演説、「鐵道創業と經榮法」、『日本の鐵道論』、一四～一五頁。
18 『明治工業史』（原書房）、一九九四年、一四頁。

19 明治二年一〇月一一日付、弁官宛外務省建議、『大日本外交文書 第二巻第三冊』、七三～七六頁。

20 明治二年一一月四日付、外務省宛伊達宗城書簡、『大隈重信関係文書 第一』、一七二頁には、伊達が風邪を引いたことが記されており、書簡の中で自分の代わりに大隈と伊藤を出席させるよう通達してくれと伊達自身が外務省に頼んでいる。

21 明治二年一一月五日付、「右大臣三條實美邸ニ於テ大納言岩倉具視、外務卿澤宣嘉ト英吉利公使トノ對話書」『大日本外交文書 第二巻第三冊』、二六九～二七〇頁。

22 前掲明治二年一一月五日付、「右大臣三條實美邸ニ於テ大納言岩倉具視、外務卿澤宣嘉ト英吉利公使トノ對話書」、二七二頁。

23 前掲明治二年一一月五日付、「右大臣三條實美邸ニ於テ大納言岩倉具視、外務卿澤宣嘉ト英吉利公使トノ對話書」、二七二頁。

24 詳細については別項を設けて後述することとする。

25 『大久保利通日記 下巻』（日本史籍協会）、一九二七年、七一頁。

26 前掲『大隈伯昔日譚』、三五四頁には「時の廟堂に立ちし耆老先輩の三條、岩倉、木戸、大久保等の諸氏に説きしに……」とある。

27 『大隈侯八十五年史 第一巻』（原書房）、一九七〇年、二九八頁には「其様な事をして萬一辨濟の滯る時は如何するかこれ體好く外國に我國土を賣ることにならう」とある。また、前掲『大隈伯昔日譚』、三五四頁にも「外債募集といへば、當時に在つて甚だ驚き且つ恐るべき事たりしなり」とあり、外資の導入に強い抵抗が太政官内にあった。

28 前掲『大隈侯八十五年史 第一巻』、二九七頁。

29 なお前掲『大隈伯昔日譚』、三五四頁には「余等の熱心なる議論は終に内閣の容る、所と爲り、茲に鐵道を敷設し、電信を架設するの議を決するに至れり」と記されているが、おそらく賛成派は、岩倉、パークス会談を盾にとって反対派を説得したと考えられる。つまり実際には前掲『大隈侯八十五年史 第一巻』、二九八頁の「岩倉の骨折で漸くその人々も説服され、廟議一決、十一月十日、遂に鐵道築造に事定まり、資金をイギリスに借る事に決した。」という記述の方が妥当と考えられる。

30 明治二年一一月一〇日付、「鉄道敷設ニ係ル外債募集等条約締結ノ全権委員ヲ命ス」『太政類典 第一編』（国立公文書館所蔵）。

31 「舊公債定約書」『明治前期財政經濟史料集成 第十巻』、（改造社）、一九三五年、一三～一四頁。

32 前掲「舊公債定約書」、一一～一二頁。

33 前掲明治三五年五月付、大隈重信演説、「鐵道創業と經榮法」、一五頁。

34 明治二年一二月九日付、大隈宛伊藤書簡、『大隈重信関係文書 1』、（みすず書房）、二〇〇四年、一八七頁。

35 明治三年一月七日付、伊達宛レー書簡、「舊公債定約書」、一八頁。

36 前掲明治三年一月七日付、伊達宛レー書簡の発送元は香港となっているため、数日前に日本を発ったと考えられる。

37 「七分利付外國公債發行日記（以下「發行日記」）」『明治前期財政經濟史料集成 第十巻』、（改造社）、一九三五年、一九〇頁。

38 清国におけるレーの職責については不明な点が多く、パークスといつ知遇を得たのか定かではない。しかし前掲明治三五年五月付、大隈重信演説、「鐵道創業と經榮法」、一四頁には、清国におけるレーの職責について「ネルソン・レーと云ふ人が、是は北京の公使館の代理公使をした人であります」と記している。なお『伊藤博文傳 上巻』（原書房）、一九七〇年には「清國總税務司英人ホレーシオ・ネルソン・レー」となっており、明治三九年五月付、井上勝訪問禄、「帝國鐵道の創業」、三〇頁には、「ホラシホ、ネルソン、レーと云ふ英國人、清國税關總裁たりし」と記されており、詳しい地位は不明である。

39 「……新事業に着目したものが次第に現れた。それはひとり米人ホルトメンのみでない。二年五月十一日、横濱在住の外國人アレイ・カムフエルは寺島外國官副知事に宛て、鐵道敷設の願書を提出した。またその外にもこの種の事が澤山あつたらしい。」『大隈侯八十五年史 第一巻』、二九五頁。

40 例えば、第一命令書には、「「バース、ヲルダル」爵「ホラシオ、ネルソン、レー」」という記述がある。また九分利付外債の公告においても「公債募集特命委員英國男爵之貴族「ホラシオ、ネルソン、レー」」という記述が見られる。

41 「明治正史 上巻」『明治文化全集 第九巻』（明治文化研究会）、一九五六年、八七頁には「伊藤等誤認し、英國の大豪傑「子ルソン」將軍來れりと、深く信して……」とある。

42 前掲明治三五年五月付、伊藤博文演説、「鐵道創業の事暦」、四頁。

43 明治三年閏一〇月二二日付、「工部省横濱横須賀製鐵所ヲ管ス」『太政類典 第一編』（国立公文書館所蔵）。

44 前掲明治三年閏一〇月二二日付、「工部省横濱横須賀製鐵所ヲ管ス」。

45 前掲『大隈伯昔日譚』、二四二頁で、後年、大隈は「其の利子は、一割五分といへる高利にして、今より想へば實に驚くべき程なり……利子の高低などを問ふの暇なく、從つて高利を高利とも思はさりしなり」と語っている。

46 明治二年一〇月付、「京濱間鐵道敷設許可ヲ請フノ書」『大隈重信関係文書』（早稲田大学所蔵）、一九七七年。

47 前掲「発行日記」、一九〇頁。

48 前掲「明治正史 上巻」、八七頁。

49 前掲『明治財政史 第八巻』、六一一頁。

50 『明治大正財政史 第十二巻』（経済往来社）、一九五六年、一五頁に掲載されている九分利付外債募集広告の原文を見てみると「……the Customs' Dues and Duties of the Empire……」と記されており、明らかに海関税に加えて、その他の税についても抵当に入っていることが理解できる。

51 前掲「明治正史 上巻」、八七頁。

52 明治三年五月二三日付、大隈宛伊藤書簡、『大隈重信関係文書 1』、一九一頁によれば「借財破談之儀種々熟議仕候處容易難至決極、明日尚集会可仕候筈に十一番と相約置申候」とあり、対応策をめぐって結論が容易でなかったことが記されているため、二〇日前後と判断した。

53 前掲明治三年五月二三日付、大隈宛伊藤書簡、一九一頁。

54 明治三年五月二四日付、横濱東洋銀行宛伊達、大隈、伊藤書簡、前掲「舊公債定約書」、二三三頁。

55 明治三年五月二四日付、澤、寺島宛、デロング書簡、『大日本外交文書 第三巻』、四九三頁。

56 前掲明治三年五月二四日付、澤、寺島宛、デロング書簡、四九四頁。

57 明治三年五月二五日付、大隈宛伊藤書簡、『大隈重信関係文書 1』、一九三頁。

58 前掲『大久保利通日記 下巻』、一一二頁。

59　前掲「舊公債定約書」、二三〜二四頁の命令書は「客歳十一月及ヒ英國ニ在ルノ知友等、鐵道ヲ日本ニ敷築スルカ爲メニ、日本政府ニ資金ノ稱貸ヲ請望スルヲ申白シ、江戸、横濱、神戸及ヒ敦賀ノ間ニ鐵道ヲ敷築スルカ爲メニ、其所有ノ資財、及ヒ其知友ノ資材ヲ合擧シテ、日本政府に稱貸セントス、而シテ其鐵道敷築ノ經費ヲ抵算スルニ、大凡三百萬「ポンド」ト爲ス。因テ「レー」氏ハ此金額内ノ幾分ヲ登時ニ交納シ、且ツ速ニ鐵道ノ敷築ニ開工スルヲ申白セリ。

千八百六十九年十二月十四日、日本政府「レー」氏ト條約ヲ結定ス。其大意ハ「レー」氏ヨリ百萬「ポンド」ヲ日本政府ニ稱貸シ、十二个年ニ之ヲ償消シ、「レー」氏ハ直ニ鐵道ノ敷築ニ從事シテ、五个年間ニ竣功シ、日本政府ハ各港海關税ノ抽收金額ト、鐵道竣功ノ後其收入金額トヲ抵當スル等卽チ是ナリ。

「レー」氏此定約ヲ實行スル爲メ、日本政府ヨリ多少ノ權ヲ付與スルヲ申請シ、日本政府ノ命令書ヲ草定シテ之ヲ説明シ、併セテ余等ノ信印ヲ請徴セリ。

余等乃チ其命令書ハ此條約ノ事件ヲ確證スル者ト知會セリ。

然ルニ其命令書ハ此條約ノ事件ヲ確證スル者ニ非スシテ、全ク之ニ關係セス。而シテ日本政府ト、「レー」氏トノ間ニ、更ニ別項ノ定約ヲ爲スノ旨趣ヲ掲載セリ。其書ノ大意ハ余等ヨリ「レー」氏ニ全權ヲ付與シ、余等ニ代リテ公債ヲ外國ヨリ資借セシメ、而シテ余等其費用及ヒ危險ヲ保任スルヲ記載セリ。

「レー」氏斯ノ如キ不正ノ措置ヲ爲シ、日本政府ノ付與スル權ヲ簸弄シ、余等ノ氏名ヲ冒稱シ、倫敦府ニ在テ公然ニ債主ヨリ百萬「ポンド」ヲ資借セリ。

故ニ「レー」氏ハ日本政府定約ノ趣意ヲ抹銷セリ。是ヲ以テ日本政府ハ全ク約定ノ功ナキ者ト確認セリ。

「レー」氏ハ此命令書ヲ簸弄シ、百萬「ポンド」ヲ稱募シ、其債主ニ抵當スルニ我海關税及ヒ鐵道收入ノ總額ヲ以テシ、其相當ノ部分ヲ以テセス。

「レー」氏ハ已ニ日本政府余等ニ其信義ヲ失セシ者ナルヲ以テ、余等自今「レー」氏ノ談話論議ハ一切ニ之ヲ信用セサルナリ。「レー」氏ノ措置ハ定約ノ旨趣ニ乖キ、亦余等ノ豫圖ニ悖レリ。

是ノ故ニ客歳十二月十四日及ヒ、二十八日命令書ヲ付與シテ、「レー」氏ニ委任スルノ職務ヲ解免シ、爾來一切余等ノ氏名ヲ冒稱シテ措置セシ事件ハ、盡ク之ヲ廢止スルハ、余等ノ至當ト思考スル所ニシテ、卽チ日本政府ノ公益ト爲ス所ナリ。

因テ今此命令書ヲ把テ、「レー」氏ノ職務ヲ解免シ、余等ノ氏名ヲ冒稱シテ公債ヲ集募スル權ヲ收回シ、且ツ鐵道敷築其他ノ事件ノ爲メニ、基本身等或ハ代理人ヲ以テ余等ニ代リ、詔書、契約書、保證書、抵當書ヲ結約施行シ、若クハ其權ヲ専施シ、若クハ其人ヲ撰任スル等ノ權利ヲ一切ニ收奪シ、及ヒ我二次ノ命令書、併セテ十二月十四日二十二日ノ約定二書ヲ以テ付與スル一切ノ權限、通義、利益ヲ余等ニ收褫セリ。

余等此命令書ヲ把テ更ニ倫敦東洋銀行及ヒ其幹事ヲシテ、余等ノ代理人ト爲シ、「レー」氏若クハ代理人ト此事件ヲ論定セシメ、公債ヲ措置シ、期限ニ照シテ利子銀年賦金ヲ支付シ、又其證書所有主ノ利益ヲ謀リ、公債ノ爲メニ抵當スル物料ヲ管理シ、又其鐵道敷築ノ事業ヲ迅速ニ竣功セシメ、又其敷築ノ爲メニ至當ト思考スル首長或ハ幹事、建築工師、及ヒ此事ニ關係スル人員ヲ進退シ、其俸給ヲ發付シ、又其公債ヲ償完スルニ至ルマテ、證書所有者ニ抵當スル鐵道ノ竣成ヲ區處スルノ權ヲ付與ス」となっている。

60　明治三年六月一七日付、「上野景範ヲ英國ニ派遣シ紙幣製造及國債募集ノ事務ヲ幹理セシム」『太政類典 第一編』には「民部權少丞上野景範ヲ大藏大丞ニ轉選シ特別辨務使ト爲シテ英吉利國ニ航遣シ以テ紙幣製造及ヒ國債募集ノ事務ヲ幹理セシメ租税權正兼驛逓權正前島密ニ命シテ之ニ判趣セシム」とある。

61　前掲『世外公事歴維新財政談』、一九二頁には「上野が何故行つたと云へば……薩摩の藩の時分に行つて居つて、前から外國の事情に精しいから、さう云ふ縁故を以て行つたのです」とある。

62 明治三年八月二〇日付、スチュアルト宛レー書簡、「舊公債定約書」、三七頁。
63 前掲明治三年八月二〇日付、スチュアルト宛レー書簡、三七頁。
64 明治三年八月二七日付、レー宛スチュアルト書簡、「舊公債定約書」、三九頁。
65 明治三年八月二八日付、ロベルトソン宛カルジル書簡、「舊公債定約書」、三五頁。
66 前掲明治三年八月二八日付、ロベルトソン宛カルジル書簡、三六頁には「「レー」氏カ「チヤンセリ」英國ノ一法院ニ投申スル狀書ノ底本……」とある。
67 明治三年九月一六日付ロベルトソン宛スチュアルト書簡、「舊公債定約書」、四〇頁には「私協シテ相當ニ措置セントス」とある。
68 前掲「発行日記」、一九〇頁。
69 前掲『明治財政史 第八巻』、六一〇頁。
70 明治四年一月一〇日付、カーゲル宛スチュアルト書簡、「舊公債定約書」、四八頁。

第二章

井上財政の開始と七分利付外債の募集計画

明治四年七月～明治五年二月

（一）はじめに

明治四年での廃藩置県ののち、条約改正の予備交渉、海外視察のために岩倉使節団が編成された。この時、政府の首脳部は使節団と国内に残留する留守政府に二分されたが、両者の間で留守中の政府の方針について全一二款の約定が交わされた。[1] 第六款、第七款については以下の通りとなる。

第六款

内地ノ事務ハ大使歸國ノ上大ニ改正スル目的ナレハ其間可成丈ヶ新規ノ改正ヲ要スヘカラス。萬一已ヲ得スシテ改正スル事アラハ派出ノ大使ニ照會ヲナスヘシ

第七款

廢藩置縣ノ處置ハ内地政務ノ純一ニ歸セシムヘキ基ナレハ條理ヲ遂テ順次其實效ヲ擧ケ改正ノ地歩ヲナサシムヘシ

第六款では新規の改革はなるべく使節団の帰国を待って行うことと定められ、第七款では廃藩置県の後始末は速やかに対処すべきことが記されている。

しかし欧米列強と肩を並べるためには近代化が必要であるという認識から、各省は第六款に抵触することを理解しながらも第七款に準ずるものとして、独自に新政策を打ち出していった。[2] このため廃藩置県によって各藩の負債、華士族の俸禄という財政負担が増加されると同時に、各省の膨大な予算要求が行われた。

第四期（明治三年一〇月～四年九月）から第五期（明治四年一〇月～五年一二月）の歳入出を比較すると、その急激な増加傾向がみられる。

表２　第四期・五期歳入出決算表　（単位：千円）

	第四期	第五期	増収額
歳入	22145	50445	28300
歳出	19235	57730	38495
	2910	-7285	

※『史料　明治百年』を元に作成。

表３　第四期・五期歳出決算表　（単位：千円）

歳出の部	第四期	全体に占める割合	第五期	全体に占める割合	差引額
各官省経費	2790	14.5%	4519	7.8%	1729
陸海軍費	3253	16.9%	9568	16.6%	6315
各地方諸費	979	5.1%	7698	13.3%	6719
在外公館費	56	0.3%	144	0.2%	88
国債元利償還	439	2.3%	439	0.8%	0
諸禄及び扶助金	3149	16.4%	16073	27.8%	12924
営繕堤防費	904	4.7%	2242	3.9%	1338
恩賞賑恤救貸費	448	2.3%	862	1.5%	414
通常雑出	208	1.1%	931	1.6%	723
征討諸費	96	0.5%	4	0.0%	-92
旧幕・旧藩に属する諸費	1252	6.5%	4544	7.9%	3292
官工諸費	2518	13.1%	4778	8.3%	2260
御東幸・官吏洋行・勧業その他	730	3.8%	1724	3.0%	994
臨時貸金	836	4.3%	4165	7.2%	3329
借入金返償・還禄賜金	1555	8.1%	0	0.0%	-1555
臨時雑出	23	0.1%	40	0.1%	17
合計	19235		57730		38495

※『大蔵省史 第一巻』を元に作成。

歳入の合計額は二二一四万円から五〇四四万円へと増えているが、歳出の合計額はそれを上回る一九二三万円から五七七三万円への増加があった。しかも歳入出の収支は第四期が二九一万円の黒字に対し、第五期の収支では歳出が歳入を大きく上回って七二八万円の赤字を出すに至ったのである。[3]

さらに第四期から第五期にかけての歳出の詳細をみると、**表3**にある「諸禄及び扶助金」が三一四万円から一二九三万円増の一六〇七万円になっている。[4] また「各官省経費」は二七九万円から一七二万円増の四五一万円に、「陸海軍費」は三二五万円から六三一万円増の九五六万円になっている。このように華士族の禄が全歳出の二八パーセントを占めるようになり、「各官省経費」と「陸海軍費」を合わせた全諸省の予算が六〇四万円から一四〇七万円の二倍以上に膨張したことは、インフレにともなう物価の上昇を考慮に入れても、政府の財政を著しく圧迫した。後述するが、のちの第六期予算編成において大蔵省と各省は対立を引き起こし、予算紛議に発展することとなる。[5] 第二章では、これらの問題に対応すべく七分利付外債の募集計画がどのようにして立案されていったのかを明らかにしていきたい。

(二) 井上の財政に対する考え方と七分利付外債募集の目的

井上はどのような目的で七分利付外債の募集を行おうとしていたのか。勅旨が下される前日の明治五年二月一五日、井上は吉田と連名で米国に滞在している大久保、伊藤に次のような書簡を送っており、その内容を見ることでうかがい知ることができる。[6]

……方今大藏ノ理財會計實ニ従前ノ困乏ヨリ繼受シテ未タ一日ノ樂地ヲ得サルハ閣下等飽迄御領掌ノ次第ニ有之最

モ今日邦國ノ會計ヲ處シ候ハ只管贏餘ノ財アルヲ以テ眞正ノ理財トモ難申畢竟歳出歳入公債ノ三大綱適度ニシテ其處置各順序ヲ得候テ初テ會計ノ要領ニ達シ候トモ可申儀ニ候得ハ小生等ノ微方無術甘テ其主掌ノ任ニ處シ候ハ眞ニ戰競無已ニ候得共唯其大綱要旨ヲ誤ラスシテ以テ將來ノ修整ヲ冀望イタシ候迄ニ有之……

政府の財政困窮の現状を説きつつ、財政収支の三大綱は歳出、歳入、公債であるとしている。このことは井上が通常の歳入によって財政的均衡を維持するという量入為出の考え方での財政運営を否定していることを示している。そもそも井上は予算制度の整備、租税法の改正の必要性以外にも、富国のためには農業、工業、運輸交通の発達などが欠かせないことを主張しており[7]、この書簡の続きでもこれらについて触れている[8]。

……然ルニ卽今會計ノ急促更ニ昔日ヨリ甚シク候實ニ出入ノ較計モ難相立漸一時ノ處置ヲ以當日ヲ補給候之姿ニ相成到底目途モ難相立ニ付去臘ヨリ頻ニ考案ヲ凝シ本年ノ歳入歳費較計ヲモ取調候得共要スルニ冗費ノ多キト歳出ノ緒ナキトニテ何様工夫イタシ候テモ眞成ノ理財方法ニ可立至ノ順序難相立トニ憂慮此事ニ候殊ニ卽今内地人民ノ營業ヲ視察候ニ兎角實用ノ勉强ニ乏シク工作物産ノ增殖等ニ於テ聊モ進歩不相見却テ往々其職業ヲモ相失シ候姿ニ有之故ニ邦内ノ財本充分ノ運用ヲ得ヘキノ物産ニ乏シク眼前去臘ヨリノ景況ハ融通梗阻ニシテ巨商ハ却テ財本ヲ閑却致シ候ノ勢有之經濟實ニ可憂之最大事ト存候……政府ノ當務ニ於テハ常ニ關心スヘキ事ニテ既ニ前條縷陳ノ冗費ヲ除却候ニモ傍ラ實用ノ興作ニ注意セサレハ窮竟其憂慮ヲ相增候而已ニテ眞ニ難處場合ニ候惜其無用ノ冗費ニ於テモ數目ノ別可有之候得共先其第一ハ華士族卒之家祿ニシテ今日ヨリ漸ク適正ノ更革無之而ハ決シテ國計ノ基礎難相立筋ニ有之……

明治初期の日本経済の不振について井上は言及しており、この状況を打開する方策として冗費節減と同時に日本経済にとって有用な起業の必要性を説いている。このことからも、この時期に井上が量入為出に基づいた緊縮財政論者であったとは言い難い。なお冗費の第一に挙げられている項目は華士族の禄である。

また井上は七分利付外債の用途を次のように説明した。[9]

……各省ノ要費ハ既ニ前日ニ幾倍シ殊ニ兵部ノ如キハ何様節略候而モ一千萬圓ノ巨額ヲ要セサレハ全國捍衛ノ責ニ任シ難キトノ事ニテ此際煩慮苦念實ニ不可掲筆次第ニ有之遂ニ再三愼思熟考シテ別紙諸族ノ家祿ヲ減却シテ年限ヲ以テ之ヲ支給シ其減却ノ贏餘ヲ抵當シテ卽今大ニ外國公債ヲ興シ軟半ハ内國負債ノ支消ト減却セシ家祿ノ支給ニ充テ強半ハ工部ノ事務振興ニ供シ而シテ其外國公債ニ於テモ十有餘年ニシテ全ク支消返濟ノ途ヲ得將家祿ノ如キ七年ニシテ支給シ畢ルノ方法ヲ設ケ其他内國負債モ漸ク償却ノ餘贏有之ノ制……新公債ハ凡一千萬計ハ一時内國公債祿金劵也證書買戻ノ手當トシテ他ノ貳千萬圓ヲ以テ鑛山鐵道等ノ事業ヲ期シ……


各省の予算増額、とりわけ陸軍省の大幅な増額も相まって、冗費節減、「實用ノ興作」の実現を考慮した結果、井上は家禄処分、殖産興業を柱とした外債募集に行きついたようである。換言すれば、量入為出に基づく財政運営が困難な現状を打開するために外債募集を計画したとも言えよう。

三〇〇〇万円の外債募集のうち二〇〇〇万円を殖産興業に充てて残りの一〇〇〇万円を家禄処分に充てることで、井上は財政健全化を図ろうとしたのであった。

(三) 外債募集計画と金利問題

そもそも七分利付外債の募集計画が持ち上がったのは、いつ頃であったのだろうか。明治四年一二月九日付の吉田宛井上書簡が、おおよその時期を示す書簡として挙げられる。[10]

……外國債一件に付ては外務よりも催促に逢、且は少々之見損し有之候ても遷延之後論に負候て、終に面目を失し候上にて利足之損失と成行候故、大概の分は見据候て公債と相定申候。……

この書簡の日付から、明治四年の一二月上旬頃に計画が進み始めたのではなかろうか。

また計画の進行にともなって重要になってくるのは金利の問題である。先述のように、この外債募集計画の発端は財政難にあえぐ明治政府の負担を軽くすることであった。従って井上は募集の際に少しでも金利を低く抑えられる国はどこなのかということを念頭に置きつつ、起債地の検討を始めたことが考えられる。

まっさきに選考の対象となった国は、明治政府とも関係が深く世界の金融市場の中心地である英国であろう。しかし、かの国において起債を行った場合、九分利付外債の影響はまぬがれないと井上は考えたに違いない。起債計画とほぼ前後して井上が吉田に送った書簡でそれがうかがい知れる。[11]

……當地負債も追々方付《ママ》候得共、中々往先六七朱之利足にては延払六つヶ敷候事故、大概一割又は一割二部《分》抔申出候分も多く有之、實に憤慨之至候得共、金かない故致方無之候得共、成丈は正金払付申候。何れ日々に借財仕候ては甚以差支り且利足も区々故、一纏にて借財の工夫最中に御座候。自然御地にても一割抔之利足にて是邊に相成候て難澁故、強情之分は致方なく候間、御地出納寮之都合にて御払切可被成候。尤同寮差支り候次第に候はゝ、出張ヲリエンタルにても9ヘルセント《パーセント》位ならは暫借は相調候事歟と奉存候。左候得共追々新金にても相払候方都合と奉存候。……

この書簡自体は七分利付外債とは無関係であるが、「出張ヲリエンタル」すなわち東洋銀行の支店[12]で資金を調達した場合、九分の金利を要求されるであろうと井上が考えていることがうかがえる。この書簡から募集計画発案の段階において、すでに英国での起債が困難であるという認識が井上と吉田の間で成立していたことが推測できるのである。

以上のような情報を得ながら、それでもなお井上が募集計画を推進した理由はどこにあったのか。それは新たな起債地の金利情報、それも低金利による起債が可能な英国とは異なる別の国の情報が井上の元にもたらされたことによる。実際に一二月一八日に吉田から井上に対して送られた書簡がそのことを示している。[13]

……先便ニも申上居候通、オリエンタルバンクヨリも七半或ハ八朱位なれハ、借金随意相調可申候得共、先御相談、論ニハ致シ不申候。アメ一番とわ二三百弗之高ハ六朱にて随分世話すべき旨を再三承置候。何れ之方ニても金策此儀ニハ差支ハ無之事と存候。ボートインも随分世話する故、□ニ而候得共、是ニハ先御相談いたし、……アメ一番イルウサン方へ相談以たし、六朱位にて御取極ニ相成候都合ニ候得ハ、無此上事と存候。弐三十万弗之金なれハ、両日中ニ而も當地ニおいて可相調見当も有之候間、談判先申、……

吉田は英国、米国のそれぞれで起債をした場合、金利がどの程度変化するのかを調べて井上に報告している。すなわち吉田が東洋銀行に相談したところ、先述の書簡と同じく英国で起債を行った場合、金利は七分半（実利八分半）から八分（実利九分）程度になるようである。[14] 一方、アメリカ一番館に同様の相談をしたところ、米国では六分（実利七分）程度で起債がかない、二・三〇万ドル程度の資金ならば数日のうちに調達できるのではないかという情報を手に入れていた。[15]

このように吉田がもたらした上記の情報が井上の起債地選定に大きな影響を及ぼし、彼に米国での募集を決断させたと考えられる。

（四）外債募集の随行員

随行員の人選は、外債募集について正院の内定を得た明治五年二月七日頃から始まったと推測できるが、米国を起債地として選んだことと随行員の人選が深く関わってくることになる。

1　ジョージ・B・ウィリアムスの起用

明治四年九月一八日、米国のワシントンで租税官の地位に就いていたウィリアムスが[17]、租税法の整備のため政府に雇われた[18]。彼は一〇月三日から正式雇用されており給料も支払われているが[19]、すぐには来日していない。米国において岩倉使節団の伊藤と会いながら[20]、明治五年一月二六日にようやく来日している[21]。

本来ならば御雇外国人としての職責を果たすべく租税法の整備にとりかかるはずだが、井上が外債募集の正院内定を取り付けると、彼の任務が本来の租税法の整備から外債募集へとすり替えられた。実際に内定直後の二月一〇日付の井上宛渋沢書簡には「もしウエリヤム氏卽今別ニ御使用にも相成候ハヽ」[22]と、ウィリアムスを別の任務に就かせることを示唆する文言が出てくる。おそらく米国の景況を知る彼を連れて行くことで、起債業務を円滑にしようという井上の思惑があったと推測できる。

こうしてウィリアムスは本来の職務から離れて、外債募集の随行員に加えられることになった。

2　大鳥圭介の起用

明治五年一月六日、箱館戦争において幕府側の要職にあった榎本武揚、大鳥圭介、永井尚志らの赦免が行われている。これにともなって、一月一二日、北海道開拓使の開拓次官であった黒田清隆の強い意向により、榎本らは開拓使御用掛として登用された[23]。彼らは獄中生活にあったことを考慮され、しばらくの間、開拓使に出勤せずに休養していたが[24]、この一連の出来事とほぼ同時期に外債募集計画の手続きが本格化するのである。

募集計画実行に際して、吉田が語学に堪能な随行員を欲していたことは容易に想像できる上に、彼が渋沢に随行員の人選について相談をしていたことから[25]、渋沢が大鳥を吉田に推薦し吉田もまた大鳥の随行を望んだのではないかと推測することができる。

しかし黒田は大鳥を随行員に加えることには難色を示した。開拓使の事業を進めるにあたって黒田は大鳥を得難い人材と考えており、「大鳥圭介云々に付退て尚又熟考仕るに、小生全く御補助に依頼、外に易ふへき人物更に無御座、御氣之毒なから御斷申上候[26]」と、吉田に断りの書簡を送ってきたのである。

随行員の選定が難航する中、以下の書簡において渋沢は吉田に次善の策を提示している[27]。

……拜啓、昨日申上候山内六三郎之義、今朝同人弊盧へ罷越種々申談候處是非御隨行相願度趣ニ御坐候、尤も山内義昨年十一月大使洋行之節も外務省より既に拜命之處、開拓使との打合無之ニ付、黒田君異論有之差留ニ相成、其替り當年中屹度洋行之公事可申付との義、黒田君より山内へ内諭も有之、略契約同様相成居候由、右様之次第此度山内義是非御隨行相願候上ハ、黒田君も異議有之間敷歟、乍去本人　頻に迫り立候も事情不都合且私を經營候筋ニ相成候處を恐れ候哉ニ付、願くハ賢臺　黒田君へ御内書にて右邊之情狀も有之候旁稍當人之望も相達し且、此度之公事使用いたし度との旨趣にて御協議被下候ハヽ決而行屆候樣可相成奉存候間、早々黒田君へ御書通被下、右左右不寄御報被下候ハヽ、正院へハ早々申出之手續取計可申候、尤開拓にてハ五等出仕之竝ニ月給弐百兩宛被下候由ニ御坐候、人物ハ兼而申上候通にて随分御便用可相成と保證仕候……

渋沢は大鳥に代わりうる人物として、山内六三郎を副使にすることを提案している。山内は大鳥と同じく旧幕臣で語学に明るい人物であり[28]、このことからも吉田が語学の堪能な随行員を求めていたことが推測される。山内は榎本たちよりも以前に釈放されて明治政府に出仕しており、岩倉使節団に加わることを願ったが、黒田が説得して開拓使に引き留められていた[29]。今回も黒田が難色を示すことは容易に想像できるが、本人の希望を二度も押しとどめることはできないだろうと渋沢は考えたようである。

しかし吉田はあくまで大鳥の随行員起用を諦めなかった。二月一三日付の吉田に宛てた井上の書簡には、その様子が記されている[30]。

……前後御奔走之益ありて、大鳥事黒田先生之許可相運候御都合之由、別て重畳と御同慶此事に候……

この書簡から吉田が八方手を尽くして、大鳥の起用を実現させたことがわかる。しかし、この人事に反対していた黒田を吉田はどのようにして説得したのであろうか。

まず黒田に起用を断られた同日二月一二日に大鳥を開拓使御用掛兼大蔵少丞とした[31]。この兼任人事は、おそらく井上が手を回して[32]大鳥起用への布石としたことが推測できるが、同時に黒田説得の狙いもあったと考えるべきであろう。

表４　大鳥の副使就任

明治５年	１月６日	榎本、大鳥たちが釈放される。
	１月12日	黒田が榎本ら六名を開拓使御用掛とする。
	２月７日	外債募集に対して正院の内定が出る。
	２月12日	黒田、大鳥の副使就任を断る。 大鳥を開拓使御用掛兼大蔵少丞とする。
	２月13日	黒田から大鳥の副使就任の許可がおりる。
	２月14日	大鳥の副使就任が決定する。

※『大鳥圭介伝』、『吉田清成関係文書 一』を元に作成。

のちに渋沢が吉田に対して「將又黒田君へ御打合ハ暫時借用之積にて御申遣し方可然と奉存候、此段爲念申上候」[33]と、助言を行っているように、吉田は黒田の性格を考えて、あくまで大鳥は外債募集のための臨時採用に過ぎないということを黒田に訴え、彼の態度を軟化させるねらいがあったことが推測される。

その上で留守政府内において黒田が尊敬する人物、すなわち西郷隆盛に説得を依頼したのではなかろうか。この時、西郷は参議であったが同時に大蔵省事務監督という立場にもあった。[34]つまり大蔵省の人事について口を挟む権限を有しており、西郷が黒田の説得に乗り出しても不思議はなかったであろう。

むしろ問題として持ち上がってくることは、西郷が井上、吉田に協力するのかどうかという点である。この点に関しては以下の書簡で推測することができよう。[35]

> ……扨、榎本抔の御處置振りに付いては、御案内通り六ヶ敷、薩長寛猛の違いにて決し兼ね居り候處、西洋使節出帆前に大論争起り、只此のみ因循いたし居り、亞米利加抔は戰争落着、直ちに所置を施し候美談もこれあり、若し責められ候ては何と返答相成るべきや。勿論米國軍艦總督よりも、榎本の儀を政府へ嘆願いたしたき段も申し出候處、黒田了助押し留め置き候次第もこれあり、當分に至り候ては、黒田は初心を変えず、透間々々には追々議論持ち出し候處、大体長州人も近來は思い當り、寛論相立て候得共、木戸一人の處甚だ六ヶ敷御座候處、長人より一向責め付け候故、否みながら落着相成り、此の四日には都て特赦を以て免ぜられ、……是迄立て直し候儀は、黒田の誠心より此に至り申し候。實に頼母敷人物に御座候。……

西郷は南北戦争と戊辰戦争を重ね合わせて、榎本らの処遇の方針について論じている。

つまり、この書簡は南北戦争終結の際に北軍が南軍に対して行った寛大な処置を政府においても実践すべきであることを述べており、その助命嘆願運動に尽力した黒田について賞賛している内容であるが特筆すべき点は別にある。

それは西郷が米国軍艦総督による榎本らの助命嘆願運動と、彼らの処遇についての米国の追及を憂慮している点である。もし大鳥を外債募集の随行員として米国へ派遣することができれば、西郷の憂慮する二つの点を解消することにもつながる。そのため西郷も大鳥を随行員とすることには積極的に賛成したはずである。このことからも黒田を動かしたのは西郷ではないかと推測することができる。

最終的には二月一四日に井上が「大鳥事正院え再申出」[36]ることにより、大鳥の随行員起用が決定したのである。

なお黒田は随行員の人選に関して次のような意見を述べている。[37]

……上野啓助〔景範〕御同行相成り候はゝ、萬事御都合と可相成、屹度盟兄の補助となる事無疑……

黒田は大鳥に代わりうる人物として上野を薦めているが、彼が副使として募集団に加えられることはなかった。上野が副使の人選から外れた背景には吉田が上野をあまり評価していなかったこと[38]、渋沢が大鳥、山内らを副使に推薦していたことなどが挙げられる。しかし仮に井上が英国での起債を視野に入れていたとすれば、上野の経歴[39]を考慮し副使として加えなければ不自然ではなかろうか。こうした随行員の人選からも井上が英国での起債の可能性を想定していたとは考えにくい。

（五）勅旨に英国行きが追記された経緯

明治五年二月一三日に、井上と吉田の連名で正院に対し全権委任状の交付を求めることになったが、この時に提出された書類を見てみると「吉田大藏少輔此度理事官トシテ、米國行被仰付候ニ付テハ別紙ノ通全権御委任御座候様仕度奉存候也……新公債ハ凡ソ米貨千五百万圓ヨリ二千万圓或ハ三千万圓ノ實額ヲ目途トシテ相募リ可申事」[40]となっており、英貨についての言及はなされていない。また吉田が五代友厚に宛てた書簡[41]においても、西郷が大久保に宛てた書簡[42]においても、米国行きの事にのみに触れており英国行きの事については触れていない。おそらく、この時点では吉田、西郷ともに起債地として米国のみを想定していたのであろう。

ところが二月一六日に下された勅旨を見てみると「若シ米國ニ於テ公債ノ事調ハスト察セバ直ニ英國ニ赴キ之ヲ處置スヘシ」[43]という一条が付け加えられている。勅旨に英国行きが付け加えられた事情には、どのような背景があったのか。それをうかがい知る書簡として以下のものが挙げられる。[44]

……大隈《〔重信〕》え参り候處、同人よりも近來之無識之所置申候。被笑申候。同人も決て動抔之事は無之、最早口外せし事なれは致方無之、十分に防禦之策仕候様と申事に候。昨朝同人方え弟參り候て、先カーキル、ロベルトソン等え相対候て、大隈に相咄候處、大に叱られ、しかしオリンタルハンにて先よろし、決て此一事政府之悪口抔致され候事気遣無之、決て此後他言無用申付候くらい故、自然此一事は補助と成て成功候様に乍蔭も祈念呉、別て他言抔致し呉れぬやうと弟申候にて、大隈相対之積り、御含置候。實に後悔千萬に候。明朝は十字頃に先生は正院え御出頭被下度候。い《〔委〕》曲其節明朝之都合御談し申上面會、其上にてソート《〔そっと〕》ウイリヤムにも聞せ候て防禦之一術御勘考被下度候。實に弟之無智より大事を謝り、是誠に以懸念至極、随て先醒迄にも御盡慮相懸面皮も無之次第、汗顔之仕合に奉存候。

……

この書簡によれば二月一三日朝に井上は大隈と会い、東洋銀行のロベルトソンらに外債募集の件について口を滑らせたことを話した。[45]大隈は井上が情報を漏洩したことを叱責し、東洋銀行に口止めするよう指示したようである。井上自身も後悔し、一五日朝十時頃、吉田に正院へ来るように依頼して、その際に「防禦之一術」[46]を考えてほしいと述べている。

公文録によると正式な勅旨は二月一六日に下されているが、前日の一五日には下書きが作られている[47]。その際に先述の米国での起債が不調の場合には英国で起債するという一文が添えられるのである。つまり、この一文が井上、吉田による「防禦之一術」であると考えられ、東洋銀行に対する配慮として付け加えられたことが推測される。しかし、それはあくまでも明治政府と関係の深い東洋銀行への配慮に過ぎなかったとみるのが妥当である。なぜなら井上と吉田は英米における金利の違い、起債の見通しについての情報をすでに得ており、米国で起債を行えば任務は完了すると考えていたからである。

以上のような過程を経ながら、明治五年二月一六日、大蔵少輔吉田清成が理事官として外債募集の総責任者に任じられた[48]。また理事官随行には先述の大蔵少丞大鳥圭介、大蔵省御雇米人ジョージ・B・ウィリアムスに加えて、大蔵大録南保、租税権中属本多晉が任じられた[49]。

正式な勅旨を受けた吉田たち外債募集団は、二日後の明治五年二月一八日、三〇〇〇万円分の外債募集を行うべく米国に向けて横浜を出発していった[50]。

表５　英国行き追記の理由

明治５年	13 日以前	井上が米国で外債募集することを東洋銀行に話す。
	2 月 13 日	朝、井上が情報漏洩について大隈に叱責を受ける。 井上、外債募集計画の許可を正院に申請する。
	2 月 15 日	朝、井上と吉田が「防禦之一術」を考えるために会う。 英国行きが勅旨に追記される。
	2 月 16 日	正式に勅旨が下される。

※『吉田清成関係文書一』、『公文録』を元に作成。

（六）むすびにかえて

本章では外債募集計画の経過について論じたが、提起した疑問や明らかにした点をまとめておきたい。

廃藩置県による収支の急激な悪化によって井上は外債募集計画を思いついた。この計画の目的は近代化のための殖産興業費と、支出の軽減のための家禄処分費を捻出することであった。井上は量入為出を旨とする緊縮財政主義者であったと言われているが、[51]この時期の井上は必ずしもそうとは言えない。むしろ外債募集によって得た資金で、家禄処分と殖産興業を同時に推進する積極財政を展開するつもりであったことが見てとれる。

この際、井上は財政への影響を考え、どの国で外債募集を行うのが適当なのか吉田とともに検討した。当時、世界の金融市場の中心であった英国の名前も挙がったのである。しかし外債募集を英国で行えば、九分利付外債の影響により、高金利を強いられることを井上は予想していたであろう。

その一方で、アメリカ一番館でも井上たちは情報収集を行っていた。そこで米国で起債を行えば、前外債の影響を受けることなく六分（実利七分）で起債ができること、容易にかの地で起債がかなうであろうという情報を知ることができた。この情報により井上は米国で起債が滞りなく行われると考えていたことが推測される。しかし吉田が「出立前に利足ハ七朱と見込を付候は弟等之誤[52]」と後に語っているように、六分（実利七分）での起債が容易に可能であるというアメリカ一番館の情報は、その後の井上の見通しを誤らせることになったのである。

また吉田に付き従わせる随行員の顔ぶれを見ても、米国での起債が滞りなく進むと井上が考えていた節が見て取れる。すなわち税法を学ぶために招聘したウィリアムスを、本来の目的とは異なる任務の外債募集団に組み入れたこと、九分利付外債に深く関与した上野を副使に選ぶことなく、大鳥を副使に任命したことなどがその理由として挙げられる。

以上のことから、最初から井上は米国のみで募集を終わらせて英国で起債するつもりがなかったということが推測できる。勅旨に英国行きが追記されたのは、井上自身の情報漏洩という失態を覆い隠すための一配慮に過ぎなかったと見るのが妥当ではなかろうか。しかし英国行きがつけ加えられたことは、その後の外債募集の推移に大きく影響してくることとなったのである。

〔注〕

1 「大臣参議及各省卿大輔約定書」『単行書 大使書類』（国立公文書館所蔵）。

2 岩倉使節団が出発した一〇月八日以降、司法省設置にともなう東京裁判所設置、陸海軍省設置、東京大阪間の電信開通、学制、国立銀行条例、徴兵令などの諸改革が留守政府の下でなされていった。

3 『史料 明治百年』（朝日新聞社）、一九六六年、六五一頁。

4 『大蔵省史 第一巻』（大蔵省財務協会）、一九九八年、四四～四五頁。

5 明治六年の予算紛議については、石塚裕道「大久保政権の成立と構造」『東京都立大学創立十周年記念論文集』一九六〇年、丹羽邦男『明治維新の土地変革』一九六二年、大江志乃夫「大久保政権下の殖産興業成立の政治過程」稲田正次編『明治国家成立過程の研究』一九六六年、石塚裕道『日本資本主義成立史研究』一九七三年、笠原英彦『明治国家と官僚制』一九九一年などに研究がみられる。

6 明治五年二月一五日付、大久保、伊藤宛井上、吉田書簡、『明治財政史 第八巻』、一六五頁。

7 前掲『世外公事歴維新財政談』、二四一～二四三頁。

8 前掲明治五年二月一五日付、大久保、伊藤宛井上、吉田書簡、一六六頁。

9 前掲明治五年二月一五日付、大久保、伊藤宛井上、吉田書簡、一六六頁。

10 明治四年一二月九日付、吉田宛井上書簡、『吉田清成関係文書 一』（思文閣出版）、一九九三年、八八～八九頁。

11 明治四年一二月五日付、吉田宛井上書簡、『吉田清成関係文書 一』、八八頁。

12 この書簡には明示されていないが、おそらく横浜東洋銀行だと推測される。

13 明治四年一二月一八日付、井上宛吉田書簡、『井上馨関係文書 第三十一巻』（国立国会図書館所蔵）、五八～五九頁。

14 明治六年一月一七日付、吉田宛渋沢書簡、『澁澤榮一傳記資料 別巻第四書簡二』（竜門社）、一九六七年、五五七頁に「亜米一ワルスホールコンペニー」とあり、アメ一番はこれに該当するものと思われる。また、ボートインは「大蔵省沿革志 上」『明治前期財政経済史料集成 第二巻』（明治文献資料刊行会）、一九六二年、四八三頁によれば、オランダ商館のことを指し、こちらにも相談していたようである。

15 明治五年三月一四日付、井上宛渋沢書簡、『澁澤榮一傳記資料 別巻第三書簡一』（竜門社）、一九六七年、一〇九頁には、「亜一に罷越、ワルスホール面会数〻談話……」と記されており、渋沢は商館に行って海外の情報について仕入れていたようである。

16 明治五年二月七日付、吉田宛井上書簡、『吉田清成関係文書 一』、九二頁には、「最早大政大臣公初不残内決に候故、格別六つヶ敷事も無御座候」とあり、これが外債募集に関する内定だと推測される。

17 「御雇米人ウイリヤム著京届」『公文録』（国立公文書館所蔵）、壬申一月大蔵省伺には、「當省へ御傭入相成候米國華盛頓府租税官ジョールジ、ビ、ウイリヤム氏……」とある。

18 「米人ウイリヤム氏雇入ニ關スル在米少辨務使森有禮書翰抄譯」『大隈重信関係文書』には、「貴君ノ職務タルヤ我帝國ノ爲ニ賢良ナル全備ノ租税ノ法ヲ建ルニ就キ我政府ヲ助成スヘリ……」とある。

19 前掲「米人ウイリヤム氏雇入ニ關スル在米少辨務使森有禮書翰抄譯」には、「貴君就官ノ時ハ來ル西暦十一月十五日ヨリ始リ在職ノ紀ハ此日ヨリ三ヶ年間ト限ル給料一月六百弗……」とある。

20 明治五年一二月二一日付、大隈宛伊藤書簡、『大隈重信関係文書 1』、二〇二頁には、訪米中にウィリアムスに会ったことが記されている。

21 前掲「御雇米人ウイリヤム著京届」。

22 明治五年二月一〇日付、井上宛渋沢書簡、『澁澤榮一傳記資料 別巻第三書簡一』、一〇六頁。

23 山崎有信『大鳥圭介伝』（大空社）、一九九五年、二四七頁。

24 前掲『大鳥圭介伝』、二四七頁。

25 例えば、明治五年二月一三日付、吉田宛渋沢書簡、『澁澤榮一傳記資料 別巻第四書簡二』、五六六頁には「別紙大鳥之義開拓ゟ断有之候様子にてハ、尚更山内義行届候様仕度、尤山内ハ充分大鳥に替り可申と奉存候」とある。

26 明治五年二月一二日付、吉田宛黒田書簡、『吉田清成関係文書 一』、三五三頁。

27 前掲明治五年二月一三日付、吉田宛渋沢書簡、五六六頁。

28 井黒弥太郎『榎本武揚伝』（みやま書房）、一九六八年、一三九～一四〇頁には「山内は数度外遊し、数か国語に通じていた。……山内は、ケプロン（巻頭写真参照）外人団の主任通訳で、その任務はおもい」とあり、このことから山内が語学に通じた人物であることがわかる。またケプロンが米国人であることから、山内は英語を話すことができると推測される。

29 前掲『榎本武揚伝』、一三九頁においても「明治三年四月に特赦されていた仮政庁の総裁付山内六三郎（堤雲）は……黒田開拓次官は、山内を望んでやまず、ついに数日にして開拓使御用掛（五等出仕）に転任させた」とある。

30 明治五年二月一三日付、吉田宛井上書簡、『吉田清成関係文書 一』、九二頁。

31 前掲『大鳥圭介伝』、二四七頁には「開拓使御用掛を申し付けられて……大鳥も此の一行に加はる爲同年二月十二日大蔵少丞に兼任せられて……」とある。

32 実務レベルでの最高責任者は大蔵大輔の井上になるため、彼が人事権を行使することは容易であったことが推測できる。

33 前掲明治五年二月一三日付、吉田宛渋沢書簡、五六六頁。

34 「大久保は西郷を以て代理せしめる考であったようである。……大久保の留守中、西郷參議が大蔵省事務監督を爲す……」『世外井上公傳 第一巻』（原書房）、一九三三年、四五九～四六三頁。

35 明治五年一月一二日付、桂四郎宛西郷書簡、『西郷隆盛全集 第三巻』（大和書房）、一九七八年、二一四頁。

36 前掲明治五年二月一三日付、吉田宛井上書簡、九二頁。

37 前掲明治五年二月一二日付、吉田宛黒田書簡、三五三頁。

38 明治五年一〇月九日付、吉田貞宛吉田書簡、『吉田清成関係文書 三』、三四八頁には「上野〔景範〕にも米国ミニストルの命を蒙り、今や出船候哉に風聞有之候。其身に取りては冥賀之事には候得共、御国家之為に取りては余り幸甚之到とは難申存候。秘事に々々々。もとの森〔有礼〕弁務使之方が十倍の増歎と存し候」とあり、吉田が上野の才覚を高く評価していなかったことが推測される。

39　後述するが、明治三年に行われた九分利付外債の際に上野は英国に赴き、レーから東洋銀行を新しい代理人とする交渉を成功させている。

40　「吉田少輔理事官トシテ米國行被仰付ニ付全權御委任」『公文録』、壬申二月大蔵省伺。

41　明治五年二月一五日付、五代宛吉田書簡、『五代友厚伝記資料　第一巻』（東洋経済新報社）、一九七一年、一七三頁には、「僕ニ米行被仰付、明日より出立ノ賦ニ御座候」とある。

42　明治五年二月一五日付、大久保宛西郷書簡、『西郷隆盛全集　第三巻』、二二九頁には、「大蔵省より申し立て候につき、三千万丈米国より借り入れ候賦に相き決め」とある。

43　「理事官大蔵少輔吉田清成へ御委任勅旨」『公文録』、壬申大蔵省伺附録。

44　明治五年二月一四日付、吉田宛井上書簡、『吉田清成関係文書　二』、九二～九三頁。

45　前掲明治四年一二月一八日付、井上宛吉田書簡における吉田の報告を見る限りにおいては、東洋銀行との金利の相談の際にも募集計画の事は黙っていたことを書き記しており、計画は東洋銀行には秘密裏に進めたと考えられる。よって、井上が口を滑らせたことで東洋銀行が募集計画について気がついたことと考えられる。

46　前掲明治五年二月一四日付、吉田宛井上書簡、九三頁。

47　前掲「吉田少輔理事官トシテ米國行被仰付ニ付全権御委任」。

48　前掲「理事官大蔵少輔吉田清成へ御委任勅旨」。

49　前掲「発行日記」、五七頁。

50　前掲「発行日記」、五七頁。

51　『雨夜譚』（岩波文庫）、一九八四年、一九四頁には、井上について渋沢が「是非とも政府に上申して彼の量入為出の原則に拠って各省の政費を節減して……」と語っていることから、一般的に井上は緊縮財政主義者であったと理解されていることが多いように思われる。

52　明治五年七月二二日付、西郷、大隈、井上宛吉田書簡、「発行日記」、一〇五頁。

第三章

米国における吉田の起債活動

明治五年三月〜明治五年五月

（一）はじめに

明治五年二月一六日に正式な勅旨が下されると、吉田たち外債募集団は一八日に横浜を出港した。外債募集が開始されたのである。

吉田たちの目的は米国、英国に赴き、いずれかで三〇〇〇万円分の起債を行うことにあった。前章で見たように、井上と吉田は金利の多寡について米英双方の比較を行った結果、米国での起債が英国よりも望ましいと判断し、起債地として米国を選んだのであった。おそらく両人ともに起債手続きは順調に進むと考えていたであろう。

しかし容易に起債できるはずであった米国において、実際に吉田たちが起債のための交渉を開始すると、金利の点において、当初の予測を超える事態となった。そこで、まず米国での起債交渉について金利面を中心に明らかにしていく必要がある。

さらに、その他にも外債募集を行う上で二つの障害が立ちはだかった。

次に岩倉使節団の異論である。家禄処分・殖産興業を目的とする外債募集は留守政府内部で決定された事項であり、外遊組はその実行を事後報告で知ることとなった。特に家禄処分は武士の特権を奪う行為であり、計画を知った岩倉たちの衝撃は大きかったであろう。彼らの心情について書簡や日記を踏まえながら確認する必要がある。

最後に岩倉たちの訪米を出迎えた駐米日本国公使森有礼の存在である。森もまた岩倉たちと共に外債募集計画を聞くことになるが、彼の衝撃は岩倉たち以上であった。森は今回の計画に強硬に反対し、ついには妨害活動にまで発展することとなる。彼のとった行動は今日の官僚のあり方から見れば、政府の高官としてあるまじき行為であり、同時に不可解な行動であるとも言える。これら一連の森の妨害活動についても明らかにしていく必要がある。

この章においては米国に降り立った吉田が直面した前記の三点について明らかにしていくこととしたい。

（二）米国における金利

およそ三週間の船旅を経た明治五年三月一一日、吉田たち外債募集団はサンフランシスコに降り立った。早速、吉田たちは五日後の一六日より交渉を開始したが、起債すれば、すぐにでも募集可能であるはずの米国において、カリフォルニア銀行支配人ロルストンから以下のように言い渡された。[1]

……此度貴國公債之儀ニ付公等御渡海の趣ハ横濱「オリエンタルバンク」より申遣候間、兼て承知致し居候得共、右「オリエンタルバンク」より來翰の趣ニてハ、貴國全體之經濟條理不相立、歳出入其他諸税之取調も不行屆にて甚信用難成、就而ハ此同之公債相企たとへ百ニ付二十五朱位の高利ニ而テも迚も出金の人ハ有之間敷との事、我等元來日本國の政體不案内之處、右之次第承り候間一同不信仰ニ而、公債之儀ニ付御談判申上候も無益と存居候處、今日公等御演說之趣ニ而者全國の經濟明白ニ而、諸税出納夫々規律も相立疑ふ所なく、前承知之次第とハ雲泥の相違、「オリエンタルバンク」存外の虚說を申觸し甚不得其意如何之儀と存候。……

吉田の到着以前に、カリフォルニア銀行は横濱東洋銀行[2]から送られてきた書簡によって、政府が米国で外債募集を行うことを事前に知っていた。また、この書簡には日本経済が極めて困難な状態にあるといった情報も記されていた。この情報に基づいてカリフォルニア銀行は、たとえ日本国政府が二五朱の金利を支払ったとしても米国内では起債に応ずる者は誰もいないと吉田に通告してきたのである。

横濱東洋銀行がカリフォルニア銀行に虚偽の情報を伝えた背景には、政府による横濱東洋銀行への対応が挙げられる。政府と横濱東洋銀行の関係上、かの銀行に事前の相談なく起債をしようと謀ったことで、このような事態を招いたのではないかと吉田は井上らに報告している。[3] 吉田はロルストンの誤解を解くため、あらためて日本国の経済状況について話し合った。その結果、彼の誤解は解けて「演説之趣」が功を奏したと吉田は書簡で記している。[4]

しかし吉田、ロルストン間の誤解が解けたことと、予定通りの起債ができることは別であった。ロルストンは吉田に対して「……乍去當國に於てハ公債高利ニ無之てハ難被行、先初之内ハ百ニ付十二朱之利足を以發行し、追々諸人之信仰を得候期ニ至リ候得ハ利分相減し候而も金主多く出可申……」と、一二朱で起債を始めて米国民の信用を得て、その後、金利を下げることが肝要であり、「當「バンク」よりハ七朱ニ而も直ニ一百萬弗丈ハ出金可致候得共、全國の人氣ハ前顯十二朱ニ無之候而ハ難被行」[5] と、七朱の利息では一〇〇万ドル程度の資金調達が限界で、最初から低金利での募集は不可能であると述べた。吉田は、この状況を伝えるべく太政大臣三条、参議西郷、大隈、板垣退助、大蔵卿大久保、大蔵大輔井上宛に一通、[6] 大隈と井上宛に一通、計二通の書簡を送付した。[7]

その後も吉田は交渉を続行した。ロルストンの協力によって英国での起債の可能性も出てきたことから、[8]「英國「バンク」ニ而も故障之筋も無之」[9] と判断して一度はロンドン行を決意した。

しかしロンドン行を決意した三月一九日に、ウィリアムスの仲介によって吉田は国内を視察していた内務長官デレノーと会見する機会を得た。この席でデレノーは「合衆國と別段條約を取結ひ候様の儀相整、合衆國政府ニ而請合ニ及候上ハ、六朱ニ而も二千萬位の高ハ工能なく調達すべし」[10] と、米国と特別の条約を結べば六朱での資金調達に協力する旨を述べた。吉田は「條約取結ひ候權は拙生ニおゐて御委任無之事故、右様の儀取極候儀ハ更ニ難被行」[11] と態度を保留にして、この一件を大隈と井上に報告した。

井上からの命令を待つ間、吉田たちは、ひとまずロンドン行きは中止にして今回の募集計画の説明を行うべく、ワシントン滞在中の岩倉たちの元へ向かった。[12]

もっとも、このデレノーの一件は、「……同國政府と別段之約定取繕ひ、公債證書へ同國政府の實印を以て發行の手續ニ相成候ハヽ、充分目途通り行屆可申歟、因て其全權貴兄へ御委任相成候様との御申越ハ深く考案いたし候處、實ニ將來の弊害も難測、何分穩當之處置ニハ無之候間、御斷念御座候樣いたし度」[13]と、米国による日本国の植民地化を懸念した井上に反対された。

この書簡が届く頃には、すでに吉田は米国での起債を断念して英国へ向かっており、井上の懸念は杞憂となっていた。もし仮に吉田が米国に滞在していたとしても、井上の委任状更新の許可が下りなかったため、彼は「別段之約定」を結ぶ方法での起債は断念せざるを得なかったであろう。

(三) 在外政府高官の異論——岩倉使節団

三月二七日にサンフランシスコを発った吉田たちは、翌月の五日にニューヨークへとたどり着いた。同日、岩倉使節団から面会することができるとの電信が到着したためワシントンへ向かい、八日には使節団一行と面会した。吉田は、その時の岩倉具視、木戸孝允、森有礼の様子を大隈、井上、上野、渋沢宛の書簡の中で以下のように記している。[14]

一　新案の祿制之公債に付て初め之を演述したる時、大副使辨務使等も皆愕然として其議の意表に出たるより、各慣習陋弊の論を固持〆同意する事を欲せず。蓋し岩倉大使は祿券を發するの期會早きに失すへし、又苛酷に過るべしとの懸念なり。於此僕出國前に決定したる議案より会計先途の目的、竝に此祿券は士卒族の爲めには却て多少の財本を助くべきの理を反覆說解せし處、目今に至りてハ漸く其實地に益ある事を了解して全く僕に協議し、既に今便を以て三條公に書を贈り、廟議の更變せさらん事を勸められたり。

「発行日記」の記述によれば、岩倉は急激な秩禄処分には不安を抱いたようだが、表面的には吉田の説明に納得して三条に「廟議の更變せさらん事を勸め」たとされている。しかし岩倉の心中は今回の件に必ずしも納得していたわけではなかったようである。彼は四月一八日付の三条宛の書簡には次のように記している。[15]

今便呈愚書置候得共、尚又一筆内々言上仕候。今度外債之事ニ於而ハ、少シも異論無之、十分出來候樣、盡力可仕候得共、錄《ママ》制之事ハ如何ト、呉々も兼《ママ》念仕候。木戸氏ニも異論無之、書記官杯ハ今度ノ御仕方ハ過分トノ論、小生トハ大相違、一人因循とハ存候得共、呉々何トカ今少シ各業ニアリ附様之御所置《ママ》ハ無之哉と存候。御十分御評論之上、御決定之事、急渡御見當有之候事と存候ハヽ、申上候も無益候得共、何分御察シ、申入候條、尊公迄尚又一筆言上仕候。

……

この書簡を読む限り、岩倉は外債募集に対する異論はないようだが、やはり家禄処分については再考の余地があると考えたようである。さらに岩倉は八月二一日付の書簡で、家禄処分案について慎重に対処するように重ねて三条に求めている。[16]

……乍去、祿制之義ニ付而ハ、最初來示之砌ニも申入候通り、管只兼《ママ》念顧慮仕候間、幾重ニも深々御注意願上候。尤、不被爲停止ヲ御発表ハ、半バ其義も致し方無之候得共、今少シ寛容ノ御ママ所置ニ出候樣、偏ニ懇願仕候。……

吉田の説得に、その場では納得したのかもしれないが、時間が経つにつれて岩倉の心情が家禄処分に対して否定的になっていったことが読み取れる。

「発行日記」には続いて木戸のことに言及しており「木戸副使ハ初より此議に同論にて頗る周旋盡力なり」[17]と記されている。前記の岩倉書簡にもある通り、岩倉や吉田の目には木戸は異論がなかったように映ったようだが、当日の日記にはその複雑な心境を以下のように記していた。[18]

……今日の體裁にては士族今日の有様にて元より始終祿を保つの理なし雖然數百年來の世襲彼等をして一日に是を放つときは必亦幾十萬の士族果して饑餓に至るものも亦不少必然なり時勢の變遷自ら不得止の處にして天下の舊弊を一新す元より此機不可失……然して今日是を所致す過刻《ママ》に似また其術を得ると不思ものあり余切に後來の爲如何を深案せり……

八月になると、木戸は自身の心境を三条らに送っている。[19]

……一士祿消滅に付國債御募り云々吉田少輔渡來之節御主意一々窺得尚大伊兩使來着之上い曲承知仕候得は朝議御内決之よし今更云々申上候も奉恐入候とも愚按之儘陳述仕候抑士族之祿其職を被免候已上は則今より盡く被止候とも道理上におひても一言不申立儀も無之去ながら六ヶ年之御仕法を以御消滅之御詮議相成候とも必竟一時に被召揚候而は忽饑饉困迫仕且從來之來由を被爲汲漸を以相化候樣御斟酌に而斯く御内決にいたり候事歟と奉察候……士人總て自今農商工之三に移候外他策有之間敷……當時内外之論過刻之説不少候得とも當今の時勢無非是事に而相當之次第とも愚考仕候處、尚今般御精議之上斯く御内決に至り候付而は區々之哀情縷述仕候も如何と奉存候得とも默止罷在候も不本意と奉存候……

木戸は外債募集の先にある家禄処分について、いずれは手をつけなければいけない問題としてとらえているようである。しかし今回の処分案については性急すぎることを懸念し、例えば士族を農工商の諸階層に移すような士族たちの身の立つ施策も考えていくべきことを訴えている。木戸の心中は本件に関して実行もやむを得ずという気持ちと、処分案の見直しを求める気持ちが錯綜しているようである。

（四）在外政府高官の異論──森、吉田論争

先述の通り、吉田が岩倉使節団の元に今回の起債について説明をしに行った際、駐米日本国公使の森も同席していた。森の反応については以下のようである。[20]

……森少辨務使ハ目的を謬りて、家祿を以て所有物と看做し、外國にて公債を募るを以て我國の信を失ふ策なりと會得し、自己の一力を以僕ヶ奉命せし決議を阻止せんと欲せり。……

とりわけ「家祿を以て所有物」と考える森の反対は、岩倉、木戸よりも強固であった。二日後の明治五年四月一〇日、森は少弁務使という役職を盾に、今回の外債募集の説明を、再度吉田に、求めている。[21]

御旅勞如何御按申上候。此節ハ不容易重責被任御出張相成候由、其事情未タ審承不仕候得共、其專意ハ諸族の家領を買上ヶ、或ハ内外の諸舊債を償んが爲メニ、新ニ外國人民より數百萬の金高を募債するにありと。若し果して然らハ小生職務上に頗る關係の次第有之ニ付、御面倒ながら之を發きし根源の略理單易之ヶ條文體を以御しらせ被下度候。尙追々御直ニ詳承可仕と存候得とも、右尋問之分至急書面ニ領承いたし度早々如斯候也。

これに対して、吉田は「會計之基礎を充分確實ニ創立し、華士卒族ノ祿制を整理せん爲メ、當米國或ハ歐州ニ於て大凡二千萬圓の公債を募擧、證書を發行致すべき命を奉し當地ニ出張致し候儀ニ御座候」[22]と、八日に岩倉、木戸、森らに説明したことを繰り返し説明している。

しかしながら、森はこの吉田の書簡に納得せず、さらに以下の書簡を送って吉田に食い下がった。[23]

……外交約書改締之際、岩倉、木戸、大久保等之諸公大命を海外に奉し、且つ僕一分ニ於ても米國公約書調印之任可擔當内決の折から、此度閣下奉命の使旨右邊ニ關妨を爲す少ならす。最此儀ハ我國之大害と深愁し、昨朝一書進回及候。……前述の職務上に於ても不得止儀ニ付、今般企定之公債新募、諸族家領物之制變定、我國計將來之基礎創立之手段、不正有害必ず矯正すべきの辨を盡し度、就而ハ御都合ニより會を設け親しく此論を遂け申度ニ付、御面倒なから其期竝ニ會所御定示被下度、全權使節へ御廻の書類ハ一見いたし居候間、別ニ前條ニ付一覧不苦書類御持參候ハ、其期內御廻し被下度、此段及御頼談候也

森は外債募集が岩倉使節団による条約改正の妨げとなることを危惧し、外債と家禄処分について、直接、吉田に会談を申し込んだのである。

この森の誘いに対して、吉田は「廟議を變更するの權を有せさる儀ハ御存知の事」[24]、「討論致し候とも畢竟無益の事」[25]と、すでに勅旨を奉じて事が動いている以上は白紙にすることはできないと牽制しつつも、再度、説明をすべく、一三日に森の元を訪れた。

しかし、吉田・森会談は彼のさらなる疑念を惹起したにすぎなかった。翌日には吉田に対して一四ヶ条からなる質問状を送りつけてきている。[26]

一　卽今至速新に公債を興す事果して必要切迫なるや、如何、明示を要す。
二　國債を興すに外國人民に募ると我人民に募ると其利害の細較如何。
三　國債を我人民に募るに其手段既に悉盡なるや如何。
四　諸族家領の三分の一を減奪するの公理如何
五　諸族家領の三分の二を六ヶ年分一時に買奪する公理、竝に其年限を立るの要如何。

六　諸族之家領物に新舊功有賣有興有等數種の別あり。四・五兩條の如減奪買奪する時は此種別に係りて處分如何。
七　國債を償ふ法如何。
八　一民一府一縣又ハ一州之名を以て負たる逋債に付、其國政府所任の處置を爲すには其公法如何。
九　收税の要理公法の大意如何。
十　興工に付政府の可爲次第如何。
十一　鑛山鐵路等の業に付政府之所任如何。
十二　國計を立る方法大意如何。
十三　當時の日本の如き一國其名信を他各國に失せさるの法如何
十四　我國卽今形勢の如き爲政至難の節に臨み、輕粗の事業を止め之を未發に熟せしむるに其手段如何。

森は大きく分けて公債、家禄処分、殖産興業の三点に関して言及し、外債募集計画について疑問を呈している。第一条から第三条、第七条、第八条は公債の件である。そもそも政府が起債をする必要があるのかどうか、公債を募るにあたって国内と国外ではどのような差違があるのか比較検討したのか、内国債の可能性について十分に検討を行ったのかということを森は問うている。

第四条から第六条は家禄処分について言及している。先述のように、森は家禄を個人の資産と考えているため、私的財産を奪う家禄処分案に異議を申し立てている。

第一〇条、一一条は殖産興業の件である。森自身は政府主導の殖産興業政策に疑義を抱いているようにも感じ取れ、英米への留学経験を持つ森ならではの意見となっている。

これに対して、吉田は以下のように反論した[27]。

一　卽今至速新に公債を興す云々は過日既に再三辨論を盡し候通り之事にて、必要切迫にあらすして何んそ廟議爰に一決するの理あらん。

二　國債を外國に興すと國內に募ると其得失論を俟すして明瞭なれ共、外國に於て之を募るの外策なし。

三　方今我邦會計の景況にては國內にて債を興すの策なきは論を俟ずして明かなり。家領物竝減奪と謂ふと難了解候得とも、諸族家祿改正の儀に可有之と推察致候。其積りに而及回答候。

五　諸族の家祿を買上るは第一は其人の榮業を便せんの爲め、第二は會計を整理し政府偏愛の所置を可成丈速に改正せん爲なり。

六　諸族の家祿に多少の區別ありと雖も、目今其制を立るに至り實際におゐて區別しかたきよりして、廟議爰に一決したる事に候。

七　御問合之趣意分明に難了解候。

八　一府一縣又ハ一州之名を以て負ふたる債も、政府既に其租税を納る時ハ其債も亦政府所置して償はさるを不得、但し其私用に共し候分は此例にあらず。

九　御問合之趣意詳に難了解候。

十　國內之人民學術未だ未熟なれば、興工に付ても政府其端を開き利益を示し、以て國民を教導するの外良法なかるべし。

十一　鑛山鐵路等之儀に付政府の所任前件と同一なり。

十二　國計と申は全國經濟會計の儀に可有之、過日も御噺申上候通り也。

十三　各國との約を固守し、下民へ對し信を失ハす、會計之基礎を確定し、其國民を安寧に保護すれば外國へ對し眞義を失ふ事決して之なし。

十四　廟堂諸官省の衆議を盡し決したる策なれバ之を輕卒之企と謂ふべからず。

吉田もまた一四ヶ条にわたる回答を行っている。[28] 森の質問状に対応するような形式で回答しているが「廟議爰に一決したる」、「衆議を盡し決したる」など、すでに政府の決定事項であることを重ねて記し森の意見を突き放した。

森の質問状を不愉快に感じたのか、吉田は同日付の書簡で逆に森に対して質問状を送りつけた。

第一　一獨立國政府より其代理として外國に派出せられたる公使、或は交際官員は自國政府の處分、或は內閣議院の決議せる條款に付、假令我目的に齟齬する事有るとも他人外國人を指に對しては苟且にも之を毀訴すべからすと思わる如何。

第二　新案の祿制を目して政府に而盜賊の所業を爲すに均しと云、加之公然と之を書面に認めて減奪又ハ買奪と云へり。既に之を認て祿と名る時は其所有家產にあらさる事明瞭なり。無能の祿に安すべき理なきより之を沒入するとも猶可なり。然るに之を目して賊と名つくべき理ある歟、假令姑らく其理あるとも政府の代任として此般の語を發し、自國政府之光榮を辱かしめて可なる歟如何。

第三　政府の代任たるへき官員は自國政府の信と名とを辱しめさる事を第一義とす。故に政府の所分に付、果して全國の安危に關係する程の利害あらば、公書を送るとも使員を遣すとも、或は自から歸國するともして之を正義すべし。其命を奉したる理事官に迫りて之を挽回せしめんと慾するは道理上にても、又實務上にても適正の事にあらずと思ハる如何。

第四　內閣及ひ議院にて議定し、君主の國璽を以て發令したる事は卽ち一國の法律也。其國民たるものハ個より之を遵奉すべし。況や其國の代理たる職掌を擔當する人に於ておや合衆國におゐて尙其儀院の決定大統領の調印を經たる國法を拒否する事を得ず。然る時は尊兄の職掌に取りては、米國の人々に對し其朝野の別を論ぜず、僕の主務を踐行するに當りて、一點も我國の信を失わざる樣輔助あるべき事固より當然の事たるべし。且僕より演述したる如く僕の奉命を公發せざる前に外國人に對して口外なき事と信す如何。

この書簡で吉田は政府の役人にあるまじき言動であると森を非難している。また家禄は個人の財産ではなく、政府がこれを没収しても問題がないことを述べ、少弁務使という職務に就きながら政府の決定を批判することは間違っていると痛烈に批判した。

しかし森は自説を曲げることなく、四月一七日には以下のような書簡を吉田に返信している。[29]

一　政府の代任たる交際官員他人へ對し、禁件之外ハ其所思國益とするものを發言するに障碍を見す。但し政府より命を受けすして發する言ハ、利害とも自己其責に任すへきは論を待たず。

二　政府盜業の談は論理上類を引き發せし事あるを覺。何の故障あるや。又減奪買奪の文字御嫌の狀なれとも是は文學者、或は字書等御問合に及候ハ、御明解可相成と存候。同箇條中諸族地行高を既に祿と認むるなり、之は御維新後御更定に候歟承知致度候。又既に祿と認むれは沒入するとも可也と、僕更に其理を知らず。單察するに是或は東洋流行無理の理より生する理にも可有之。但し聊性情ある人理とは全く別物と存候。

三　其人の道理適正と思ふ動作進退其意に任す。

四　前條に類す。

また森は四月二九日にウィリアムスにも書簡を送り「此度ノ一條御取扱被成候ハ言語道斷ノ次第ニ御坐候[30]」と、彼の行動を非難している。

五月に入ると森は「諸族之家產を强買沒入して以て諸人國有の權利を剝奪せんとする方策の採用を建議せる　天皇陛下の政府にありて其責に任すべき諸官員へ白す」と題する論文を「ニウヨウクヘラルド」新聞に掲載した。[31]家祿は私有財産だと主張する森は、政府がこれを一方的に買い上げることは不当であると、家禄処分案への批判を公然と展開したのである。

森は続いて「國中諸民の所領竝ニ其所有するものを强買沒入し、外國債を興し、隨て其他種々の事業を企つへき建策を採用せる　天皇陛下の諸有司に申候[32]」という文言で始まる論文を発表し、外債募集への批判をも行ったのであった。

「発行日記」によると森は吉田にも、これらの論文を送ったが「一旦、正院に於て決議相成候事は各國議院に而決議し、其國の法令となるものと同等なり。……無益有害の空論[33]」と、彼に一蹴されている。この吉田の返信以後、彼らの間において書簡のやりとりは途絶え、家禄処分および外債募集についての論争は沈静化の方向へと向かう。

後日談となるが米国における森の起債妨害活動は、やがて岩倉使節団によって弾劾されることとなった。七月一九日、使節団の大使、副使五名から留守政府に宛てて、森の少弁務使罷免を求める書簡が送られており[34]、理由として五ヶ条が挙げられている。そのうち三ヶ条は条約改正交渉に関する彼の言動が理由となっており、残りの二ヶ条は外債募集に対して反対意見を述べたことが理由となっている。岩倉使節団との軋轢によって森自身も辞職を考えるようになるが[35]、彼が帰国するのは明治六年七月二三日のことであり、留守政府も森免官に踏み切ることはなかった。

また米国で発表された森論文は反響を呼んだのか、やがて英国にも回送され八月[36]には東洋銀行の重役たちの目に触れることとなった。日本国の駐米公使が外債募集を批判したことで、政府の起債に対する姿勢に東洋銀行は疑念を持ち問題視したのである。先述のロンドン東洋銀行支配人スチュアルトからウィリアムスへ、外債募集を行うつもりが本当にあるのかといった趣旨の問い合わせもあったが、「今更變更スルノ憂ハ萬々無之[37]」と、政府の意思が強固であることを説明すると、スチュアルトは納得したようである。

彼らを容易に納得させられた背景には、論文が東洋銀行の経営陣に届く頃には、すでに大蔵省の最高責任者である大久保が吉田とともに行動していたことが理由として挙げられる。

（五）吉田の欧州行き

以上のように、森、吉田論争は四月一〇日より始まり五月には一応の終結をむかえる。話は前後するが、論争が始まった五日後の一五日に、吉田は岩倉使節団に従って米国に一時帰国していた駐日公使デロングより会見したいとの電信を受け取った。[38] 彼は岩倉より日本国が募集計画を立てたことを聞くと、吉田に助言をすべく連絡してきたのである。[39]

吉田はデロングと会って現状を説明し今後の良策について尋ねてみると、彼はドイツの豪商シフ[40]と会うことを勧めてきた。[41] デロングの助言に従って吉田はシフと会ってみたところ、彼は「金高些少にては困り候へとも、二千萬以上ならバ随分御相談申上度、私一手にて引受け可申[42]」と、大口の資金融資ならば協力する旨を表明したのである。シフの好意的な返事を機に、吉田は四月二四日から彼と交渉を開始した。[43]

外債募集の見込みについて、シフは「龍動及ビ「フランクホルト」へ打合ノ上返答可致、併書簡又ハ電信往復ニテハ時日ヲ失ヒ、加之一體之意味モ十分貫通シカタクニ付、直ちニ彼地へ渡航之方上策ニ可有之[44]」と、吉田に訪欧を勧めた。吉田もまた米国で起債の可能性を探っていても、「七朱位の利足にて募方出來候儀ハ十に八九無覺束[45]」状態であると見切りをつけて、欧州に渡ることを決意した。

かくて明治五年五月三日、吉田はニューヨークを発ち欧州へ向かったのであった。

（六）むすびにかえて

冒頭でも述べたように、井上たちは米国ですみやかに起債はかなうと考えていた。しかし現実は彼らの見通しの様にはいかず、いくつかの障害に直面することとなった。

まず横濱東洋銀行の妨害工作である。前章で詳細に記述したが、当初、井上や吉田は九分利付外債の影響を考慮し、英国での起債を避けて資金を調達しようとしていた。従って明治政府と関係の深い横濱東洋銀行には、この募集計画は秘密にしていたのである。

しかし、井上の失策によって情報が漏洩し、計画は横濱東洋銀行の知るところとなった。同銀行は、早速、カリフォルニア銀行へ日本国に関する虚偽の情報を流し妨害行為を行ったのである。吉田たちは同銀行の誤解を解くことには成功したが、出発前に想定していた金利での起債は困難であることを通告された。また吉田たちはワシントンにも足を伸ばしてデレノーと交渉を試みたが、結局、米国において六朱の金利では起債することができないことを知ったのであった。

次に岩倉使節団の異論についてである。吉田たちはワシントンに滞在していた岩倉使節団と会って、今回の起債の趣旨を説明した。この説明に対して岩倉、木戸は性急な家禄処分に反対したが、吉田自身の説得によって最終的には賛意を示したように見えた。しかし表向きは了承したものの、二人ともその真意においては必ずしも納得していなかったことが彼らの日記や書簡から見てとれる。その後、彼らは本来の目的である条約改正交渉などに専念し、この問題について、直接、口を挟むことはなかった。

最後に森有礼の異論についてである。彼は岩倉や木戸以上に家禄処分に強く反対をした。森と吉田は四月一〇日より面会や書簡のやりとりによって激論を交わしていくこととなった。あくまで自説を譲らない森は、ついに現地新聞に論文を掲載し、米国民を巻き込んで反対運動を展開していくのである。森の一連の行動は海外において波紋を起こしたことは間違いないであろう。しかし、外債募集団の起債活動そのものに森の行動が大きな影響を及ぼすことはなかった。

結局、吉田は米国において六朱での起債は不可能であることを思い知らされ、わずかな可能性にかけて欧州に向かった。

〔注〕

1 明治五年三月二三日付、三条、西郷、大隈、板垣、大久保、井上宛吉田、大鳥書簡「発行日記」、五八頁。

2 東洋銀行はロンドンに本店があり（以下ロンドン東洋銀行）、支店が横濱（以下横濱東洋銀行）にも存在する。

3 横濱東洋銀行の真意は定かではないが、前掲明治五年三月二三日付、三条、西郷、大隈、板垣、大久保、井上宛吉田、大鳥書簡、「発行日記」、五八頁には、「元來「オリエンタルバンク」ハ公債を英國ニ不求して米國ニて募候を憤り、嫉妬之情ゟ全國の政體を譏言いたし候儀と被存候」と吉田は記している。

4 前掲明治五年三月二三日付、三条、西郷、大隈、板垣、大久保、井上宛吉田、大鳥書簡、「発行日記」、五八頁。

5 前掲明治五年三月二三日付、三条、西郷、大隈、板垣、大久保、井上宛吉田、大鳥書簡、「発行日記」、五八頁。

6 なお大久保は岩倉使節団に加わっているが、職務上の直接の上司のため宛名に加えられたのだと考えられる。

7 前掲明治五年三月二三日付、三条、西郷、大隈、板垣、大久保、井上宛吉田、大鳥書簡、「発行日記」、五八～五九頁、明治五年三月二三日付、大隈、井上宛吉田書簡、「発行日記」、五九～六三頁。

8 前掲「発行日記」五七～五八頁には、「ロルストン」の名前でロンドン東洋銀行に起債の旨を記した電信を送ったことが記述されている。「新債の利息八年七朱」という主旨の電信に対して、同銀行は「國債事件我手ニ托せらる、時ハ可成丈け盡力いたすべく候」と返答した。

9 前掲明治五年三月二三日付、大隈、井上宛吉田書簡、「発行日記」五九頁。

10 前掲明治五年三月二三日付、大隈、井上宛吉田書簡、「発行日記」六一頁。

11 前掲明治五年三月二三日付、大隈、井上宛吉田書簡、「発行日記」六一頁。

12 前掲明治五年三月二三日付、大隈、井上宛吉田書簡、「発行日記」六一頁。

13 明治五年四月一九日付、吉田宛井上書簡「発行日記」九七頁。

14 明治五年四月一六日付、大隈、井上、渋沢、上野宛吉田書簡「発行日記」七一頁。

15 明治五年四月一八日付（書簡には「西五月廿四日」と記載されている）、三条宛岩倉書簡、『三条実美関係文書』（国立国会図書館憲政資料室所蔵）。

16 明治五年八月二一日付（書簡には「西九月廿三日」と記載されている）、三条宛岩倉書簡、『三条実美関係文書』。

17 前掲明治五年四月一六日付、大隈、井上、渋沢、上野宛吉田書簡、「発行日記」七一頁。

18 『木戸孝允日記 二』（日本史籍協會）、一九三三年、一七四～一七五頁。

19 明治五年八月、「内閣員に贈りし書翰」『木戸孝允文書 第四』（日本史籍協会）、一九三〇年、三八二～三八八頁。

20 前掲明治五年四月一六日付、大隈、井上、渋沢、上野宛吉田書簡、「発行日記」、七一頁。

21 明治五年四月一〇日付、吉田宛森書簡、「発行日記」、六三頁。

22 明治五年四月一一日付、森宛吉田書簡、「発行日記」、六四頁。

23 明治五年四月一二日付、吉田宛森書簡、「発行日記」、六四頁。

24　明治五年四月一三日付、森宛吉田書簡、「発行日記」、六四頁。
25　前掲明治五年四月一三日付、森宛吉田書簡。
26　明治五年四月一四日付、吉田宛森書簡、「発行日記」、六五頁。
27　明治五年四月一五日付、森宛吉田書簡、「発行日記」、六五〜六六頁。
28　前掲明治五年四月一五日の森宛吉田書簡は、一四日付森書簡と対応するように、第一条から一四ヶ条と記されているが第四条が抜けている。これは一四日付森書簡の第四条と第五条が似通った内容のため、吉田は第五条に第四条の回答を含めたと推測される。
29　明治五年四月一七日付、吉田宛森書簡、「発行日記」、六七頁。
30　一八七二年六月四日付、ウィリアムス宛森書簡、『翻訳草稿類纂 第二巻』（ゆまに書房）、一九八六年、四四頁。
31　「是まで我邦に於て百事進歩擧行の時に際會し欽喜に堪さる居柄陛下の特旨を以て諸族世襲の權に依り所有し來る家祿を買上沒入すへき方策を、天皇陛下採用し給ひ、殊に其ため理事官吉田大藏少輔へ、外國に於て公債を募擧するの權を附與せられたりといふ〡を不意に領承し慨嘆の至りなり。公債の儀に付ては別紙を以て余か説を記載すべし。先此度公債を興さんとする方策一應は必要なる様見ゆるとも、眞に然らざる所以を論議すべし。余か考にては此策の原由不正にして、之を施行するときは果して實地弊害あり。今之を説明する爲其理の大略を記載すべし。

第一

諸民をして其世襲の地領、卽家産を所有する權利を廢棄せしめんため、政府におゐて非常の權力を用ゆるは全く不正なり。又政府におゐて右の家産を公有と認むるは殆と不正、則ち暴政と云ふべし。是れ事實然らざればなり。普く世人の知る通り、右家産の内一種類は有功を賞する爲めに與へたる者、一種は定規に隨ひ買求めたる者、又一種は其他種々の事情によりて賜わりたるものなり。右家産の内强半は數百年間所有し來り疑もなき家産にして、之を世襲して貴賤の別なく所有せり。

今政府に於て、右家産を「ポピリツクペンション」と認むる所以の要旨は、其所持主代々相續の時に當り、之を新規に改て所有するの權利を請求する事常なりしといふ理に原つけるなるべし。然れども此論説正しからず。政府卽ち諸藩よりして相續の節新に所領を許可するは眞に公平の處置にあらす。只從來の慣習に基けり。且開明諸州の法例を照準するに、上に擧るが如く久しく所有し來る時は、之を子孫世襲の權を有する者と認むる事最通法なり。

第二

若し右の家産果たして公有にして一時賜與したるものならは、如何そ之を買上るの理あらん乎。又政府其自己の所有品を買上るの理あらん乎。

第三

政府に於て地面を所有する事は所謂經濟上通規之要理に悖るべし。是政府にて所有する地面は決して人民の所有するものの如く充全の耕耘を得さる事原理を推して明かなり。右によりて考察するに、目今新案の方策はゝ時は果して我國民の開化を退歩せしめ、且人民をして貧困に至らしむべし。

第四

國の富強を謀るには國民をして相互に全國の地面を所有せしめ直に實着之利益を得せしむる事を以て最大要のものとす。之を措て他の法方祿券を發行して之を買上るを云ふなるべしに從ふは、國民の經營する處の基を剝奪する者にして、所謂人民をして貧困に到らしむといふべし。

第五

若し右に論する家産果して政府の所有物ならば之を賣拂ふべし。固より買上くべからす。又之を賣拂ふ時は更に政府公債を募るの要なく、却て金を貸得べし。余か所見にては此非常の方策は、菅に我世襲の制を恐る、處よりして生したる一時粗暴の措置といふべし。今充分の開明を謀る人は皆必らず、此趣旨に於て同論ならん。此憂を世襲の制を云ふならん避くる而已ならす、却て之を轉して我國益となすの策少からす。今其策を玆に記載するに及はす。然れとも不得止時に當りては最甘心して余が分を盡すべし。

第六

日本の開化は諸外國に比すれは一種固有の物にして、自ら異同ありといへとも、政府人民に對したる所置に至りては其綱領の外に出る能ハす。縦令其政體は君治《モナルキ》なり或は民裁《レポブレツキ》なりとも、上に論する要旨を左右する事なし。是れ固より全國人民の安寧を主とする事なれバなり。故に毎時國民の利益を謀る爲め、竝に國民一般に對し平等の公正を得せしむる爲めに設けさるものは、政府の政府たる所以の眞理に悖るべし。

抑今度此格別なる方策を設る處の趣旨に於ては、上に説明する條理何處に在る乎、之を認得る事甚た難し。則家産を強買沒入して各種の所有品に關する權利を破却し、既に人の所有する者を買取り、國の進歩を抑留し、國民の所有物を剝奪して以て貧困に至らしめ、之をして遂に衰滅に歸せしめ、金を貸得べき時に當り之を借るか如き奇異の處置なり。

當初基礎充實せざる國民の盛衰は只管必要の所置にのみ關するものなり。一時に大業を設立する時は、其失措の弊害會て豫算せし處の利益に比すれバ却而一層大なるべし。政府の事業は所謂網器に齊しく、若し其一部破損する時は之か爲め全部無用に屬す。今施行せんとするの方策に於ても必す早晩同様の弊害を生する事同一轍ならん。此書は只々必要の事件に付餘か誠實なる論議を説明する爲め而已にあらす、猶足下等右之趣旨に注意あらん爲め、又不良有弊の方策を止め、之を必定我國の幸福と成るべき策に變更し、且つ目今如き危難の時に臨み、日本政府に於て國益に關する事業は一々大に注意して施行し、就中此非常之處置に到りては最注意あらん事を希望する余が志願を表する爲なり。謹言。」、前掲「発行日記」、七五頁。

32 「國債の儀ハ審に本月六日の書簡中に認めり。今又次の箇條を附錄して之を呈す。

抑外國債を興すときは必國民の開化を妨る事は固より論を俟す殊更人民暗弱にして今將に自主の權を得、自在の力を伸さんとする際に當りて、外國債の之に害ある事判然として明らかなり。然とも　天皇陛下の諸有司多くは此道理を明解し給はず、是れ予が歎息するに堪さる所なり。夫れ政府の債其國內に存すると、外國に在ると其相違甚大なり。諸有司此大事に心を用さるに似たり、悲みても猶餘りある次第なり。國內の債は自國の富强開化を謀り、衆人の心を勵し、外國債は之に反して必民の氣力を衰耗せしむ。故に諺に曰く國內の債は民の幸福となる事多しと。其故は國民皆恰も同舟の人の如く、共に勉勵奮發して災厄を逃れ平安を謀るに由るなり。若し已むことを得さる次第ありて、外國より金を借らんとするにハ、其是非如何僅に一兩輩の經卒に決定すべきにあらす。能く謹て精密に衆議を盡すへきなり。方今日本の世態を以て考ふるに、決して外國債を興すに及ばずと思ハる。夫故に外國債を募りて民の所有を買上る策の論するに足らさることは、既に前顯書面中に記せり。

中債新債は元諸藩々の借財にして今直に之を償ふに不及、先其儘に措置きて唯其利息を安ふして正しく之を拂ふのみにて然るべし。但し此等の國債を償ふは政府の職掌なれとも、之を行ふには能く明かに分別を附け評議を盡すべきなり。

諸藩々の中より出し置たる紙幣を買上る一條も亦、上の中債新債を償ふ方と一様にて然るべし。政府若し此分別を知らざるときは、政府の政府たる職任立ずして其條理法律に暗き事を自ら世に示すなり。

國民の所領所有を強買没入して、其利を以て全國に通用せる紙幣を買上るハ、當然の處置といふべからす。是れ外國債を興して右の紙幣を買上ると全く一様の策なり。殊に右の利を以て諸藩の紙幣を買上るは最不正の甚しきものなり。

龍動借財を償ふことは實に已むことを得さる次第なり。然れとも此金高多からさる故、國内の歳入税を以て償ふべからさるの理あらんや。

外國債の一部を以て鐵路を作り、其他の工作に供せんとする見込は上策にあらす。凡て此等の事を營むには成るべき丈ヶ外國の財に倚らす、偏に衆人の心を政府に歸服せしむる手段を施し、右の如き國内造營の費用は之か爲めに利益を得べき民をして償はしめて可なり。

今や外國債の事に付明白に我存意を述たり。諸有司能く其意味を熟考し、前件の如き重大の事件を行ふにハ公明正大の處置あらんことを希ふのみ、謹言。」、前掲「発行日記」、六九～七〇頁。

33 明治五年五月付、森宛吉田書簡、「発行日記」、七〇頁。詳細な日付は記されていなかった。

34 明治五年七月一九日付、三条、西郷、大隈、板垣、副島宛岩倉、木戸、大久保、伊藤、山口書簡、「少辨務使免官の件」『森有礼全集 第三巻』（文泉堂書店）、一九九八年、二八二～二八五頁。

35 犬塚孝明『森有礼』（吉川弘文館）、一九八六年、一四七頁。他にも明治五年一〇月一一日付、寺島、鮫島宛森書簡などにも辞職の意思が記されている。

36 詳細な日付については不明だが、「発行日記」、一二五頁によれば、八月二七日から九月三日の間だと考えられる。

37 前掲「発行日記」、一二五頁。

38 前掲「発行日記」、七〇頁。

39 前掲明治五年四月一六日付、大隈、井上、渋沢、上野宛吉田書簡、「発行日記」、七二頁。

40 「発行日記」一二八頁には、シフのフルネームが「ジャコブ・エッチ・シフ」と載っており、この人物が日露戦争時に日本の戦費調達に寄与したジェイコブ・ヘンリー・シフと同一人物である可能性は高い。さらに、田畑則重『日露戦争に投資した男』（新潮新書）、二〇〇五年、三八頁によれば、シフが一八歳（一八六五年）の時に、フランクフルトからニューヨークに渡って瞬く間に財を成し、二〇歳（一八六七年）の時には、「バッジ・シフ商会」を立ち上げている。吉田が渡米したのが、明治五年（一八七二年）であることから同一人物である可能性はかなり高いであろう。

41 前掲明治五年四月一六日付、大隈、井上、渋沢、上野宛吉田書簡、「発行日記」、七二頁。

42 前掲明治五年四月一六日付、大隈、井上、渋沢、上野宛吉田書簡、「発行日記」、七二頁。

43 なお、シフからも森論文について吉田に問い合わせがあった。しかし明治五年五月一日付岩倉、木戸、山口宛吉田書簡には「如此浮説を記載するは新聞家の常なりと答へ程能く打消申候」と記しており、吉田はシフをうまくはぐらかすことができたようである。

44 前掲「発行日記」、七三頁。

45 明治五年五月一日付、井上、上野、渋沢宛吉田書簡、「発行日記」、七三頁。

第四章

英国における吉田の起債活動

明治五年五月〜明治六年一月

（一）はじめに

第三章では岩倉使節団や森などの在外高官と吉田の関係を中心に、米国での起債状況を明らかにしてきた。第四章では井上と吉田の関係を中心に、欧州での吉田の活動について見ていくこととする。

先述のように、米国での起債不調の知らせを受けた井上が吉田に即時中止を命令したことは、米国での起債が困難であった場合は英国で起債するという勅旨に違反することとなる。そこで、井上が募集中止に固執したのかという点について検討する。

井上は大蔵大輔であり吉田は大蔵少輔であることから、彼らの関係はいわゆる上司と部下の関係となる。しかし井上の中止命令を受け取った吉田の対応は、その関係にそぐわないものであった。

吉田の行動は勅旨に従っただけであるとも考えられるが、井上との書簡の往復の中で勅旨を持ち出して募集続行を訴えることはなかった。おそらく吉田の行動には勅旨の文言を越えた信念があったと考えられる。そこで彼の心情にも触れながら、吉田の行動について検討していく余地がある。

井上と吉田の考え方が異なる中、外債募集の可否の最終判断は大蔵卿である大久保に委ねられることとなった。すでに述べたように、廃藩置県以後、大蔵行政は大久保ではなく井上によって実質的に主導されていた[1]。残された史料によれば、今回の外債募集計画についても、あらかじめ井上が大久保に報告をしている気配はなく、書簡による事後報告にとどめている[2]。

さらに井上は吉田の説得を自ら大蔵行政に疎いと言ってはばからない大久保に依頼している。おそらく薩摩閥の中心人物である大久保に吉田の説得を求めたものと考えられるが、従来のように、大久保が井上の方針に従ったのかどうかということについても、吉田の大久保説得工作と併せて考察していく。

以上の三点について、本章では明らかにしていきたい。

（二）井上の募集中止命令

1　吉田からの報告

前章で述べた通り、吉田は外債募集の状況を知らせるべく、三条、西郷、大隈、板垣、大久保、井上宛の書簡を出すと同時に大隈、井上宛にも書簡を送った。米国での起債状況についての報告は、ほぼ同じであるが、後者の書簡には「扨今更申上候ニ不及事ニ候得共、拙者等出立之前御治定相成候政府之儀ハ決而相動き候様の儀ハ無之筈と存候得とも、何卒老兄等爲邦家御盡力寸分動揺無之様偏ニ奉希候」[3]と、井上の決心が揺らがないようにと書き添えている。また「便ニは必邦内の形勢、政府の形勢、政府の「ポリシー」等逐一御通し被下度奉願上候也」[4]と、文末に国内の政局についての情報を知らせるよう依頼する追伸を附している。この書簡が井上の心境に変化、ひいては外債募集の方針になんらかの変化をもたらすことになることを吉田は予知していたかのように見える。

吉田（発信者はウィリアムスになっている）は翌日に電信を大蔵省に出している。[5]

　事なるへきと思ハる。肝要と考し故に××（文字不明）龍動へも電信を通せし處都合よろしき返答を得たり。
　今日出帆の郵便ニ托せし書簡を待べし。

この電信を受け取った時点の井上は、米国での起債状況が書かれた三月二三日付の吉田書簡が、まだ届いていないために起債条件の劣悪さを認知していない。先述のように、勅旨には「若シ米國ニ於テ公債ノ事調ハスト察セバ直ニ英國ニ赴キ之ヲ處置スヘシ」[6]とあり、井上は勅旨に従って「若し米國に而國債之約定不被行時ハ、龍動又は他國に赴き最上富强の會社と謀るべし」[7]と、吉田に指示している。

この後、吉田は使節団の岩倉、木戸からの異論、森との書簡での討論、シフとの交渉があったことは前章の通りである。これらの報告と合わせて再び計画の維持を訴えつつ、[8]吉田はロンドンに向かった。吉田がロンドンに到着したのは五月一三日である。[9]彼はシフ組合の紹介でビショップシャイムゴールドスミス会社のビショップシャイムを訪問し、「公債ノ儀ヲ内談」[10]をし始めた。また三日後の一六日にはスチュアルトとも面会して発行手続きの打ち合わせを始めたが、英国においても「七朱實利ニテ發行スルヿハ所詮行屆クマジク」[11]ことを知った。理由はスチュアルトが以下のように述べている。[12]

……其故ハ一千八百七十年ノ鐵道公債年利九朱ニテ發行シタル證書ノ賣買、目今「マーケット」ニ於テ平均百十二シテ本價ヨリ一割增ノ相庭ナリ。此相庭ヲ以テ推算スレハ其實利遙ニ八朱以上ノ割合ニ當ルベシ。是則チ目今日本政府ノ「クレヂット」ヲ表スルモノナレハ、右ノ實利ヨリ以下ニテ發行スル時ハ世ノ債主等出金イタスベキ乎否覺束ナキ次第ナリ。……

明治三年の九分利付外債が流通中であり、この公債より低金利での起債をしても買い手が見つからないことをスチュアルトは指摘しているのである。また、それは国際社会における日本国の信用度の問題とも相まっていた。起債条件の差違にもよるが、各国公債表を見てみるとフランスは五分~六分、イタリアは四分~六分、エジプトは七分、ロシアは四分~五分、スペインは三分~六分、トルコは六分、ブラジル五分となっており、当時の日本国では、それ以上の金利を付与しないと買い手はつかなかった。[13]

2　井上の反応

渡米した吉田の書簡を読んで井上はどう感じたのであろうか。これら一連の米国の問題について、三月二三日付の吉田書簡は四月一八日に井上の元に到着した。[14] この時点で井上は初めて米国での起債が困難なことを知ることになる。前掲の書簡にある通り、文末に吉田は計画の続行を訴えたが井上の返事は以下のようであった。[15]

……米國ニて不行屆より倫敦へ相廻り候儀ハ一般の公評も相受可申、其上倫敦ニて相行候ニハいつれニも東洋銀行之手を假候外無之……米國にては最前目途之通公債難出來、併英國へ御巡囘之儀も前書ニ申送候通之次第ニ付、兎角前後失錯之勢と被存候間、可成優裕に考案を相凝し、決テ輕擧無之様仕度存候。……且御出發前拙生之失策ニて東洋銀行へ談話云々等……所詮一歩を誤り候上ニて强て之を急促候とも却而考案をも失却可致候間、能く御熟慮被下度、……右様申上候とて決而此公債を中止致度と申儀ニは無之、殊に最初より之手續も有之候間、願くハ米國ニて一千萬圓丈ヶなりとも出來候ハ、實に重疊之至と奉存候。……英國御渡航も充分之目的無覺束候ハ、實ニ不得已次第ニ付、一旦御歸朝にも相成、更に方法を改候方却て上策と奉存候。……

前掲の電信を打った井上とは明らかに心境の変化を見ることができる。電信では「龍動又は他國に赴き最上富强の會社と謀るべし」[16] と指示しながら、この書簡ではロンドンで起債を行えば東洋銀行との接触を避けられないことを危惧し、米国での起債が難しいのであれば帰国すべきことを主張している。米国での不調を具体的に知った井上は、以後、起債に対して慎重論を唱えるようになるのである。

その理由としては「拙生之失策」、すなわち井上が横濱東洋銀行に接触し、米国で外債募集することを漏らしたために同行の嫉妬を招き、米国での起債が困難になったことを挙げている。[17] 情報漏洩という失態を犯し「弟之無智より大事を謝り、是誠に以懸念至極[18]」と、後悔しきりであった井上にとって、それが原因となり外債募集計画が頓挫しかけたことは衝撃的な事実であったに違いない。しかし彼にとって最も衝撃的であったことは、金利問題ではなかろうか。六分（実利七分）の金利で容易に起債がかなうであろうというアメリカ一番館の見通しが根底から覆され、英国よりもはるかに高金利の一割二分でなければ、起債がかなわないという事実を知ったのである。この文面を読んでも井上は英国での起債は頭になく、米国での起債で完了すると考えていた節がみてとれる。こうして計画の前提を覆された井上は、吉田に起債の中止命令を出すこととなった。

この書簡だけでは不安に思ったのか、井上は五月一五日付の公書、私書で吉田に重ねて打ち切りを指示する。前者では以下のようであった[19]。

……其後來翰且電信之度々政府ニ於而も厚く討論を盡し、彌難被行と相見候ハヽ、先一切御取掛無之、一時御引揚之方可然、……先日電信を以て御報知相成候歐羅巴へ御（一字脱カ）之儀も先御見合被成、……右ニ付而は先日來大久保大藏卿とも毎度熟議を遂け、是迄御申越之次第をも仔細に申通し、且當方之定算も協議いたし、幸ひ卽今再ひ發途貴地へ相廻り候儀ニ付、尙御面會ニて可相盡候間、百事同人御面議ニテ御了承可被下候。……自然此一事成功無之と御見据ニ候ハヽ、貴兄ハ直ニ御歸朝相成候様いたし度、尤歐羅巴御越之儀ハ先ハ十ニ八九御見合相成度事と存候。……

この時期、大久保、伊藤は岩倉使節団の条約改正交渉に必要な全権委任状を受け取りに、日本国に一時帰国していた。井上はロンドン行きの中止勧告は自分自身の判断ではなく、政府での結論であることを告げているが、さらに大久保との相談の上であったことを記して、大蔵卿の権威を持ち出し大久保の指示に従うように命令した。

また井上は書簡では手遅れになると感じたのか、「八朱の利息ハ日本政府に於て許可不相成候。大久保・伊藤之着を御待合可有之候也[20]」と、中止しようとしない吉田に対し、大久保、伊藤の到着まで起債交渉を中止するよう電信で指示とともに、再度、渡米した大久保、伊藤に以下の書簡を送った[21]。

一、吉田も五月三日より英國へ渡海候段申越御面會も時日を費し甚以不都合千万に御座候。書状中には日耳曼人《ゲルマン》シフと申人へ依頼候様申越、近々フランクホールへ參り同店へ相談候由申越候。又過日英國より傳言にてはオリエンタルバンクへ相談候様にも相見へ、且利足八分或は八分半の権利を下落候様申越候得共、勿論七分之外不相成段且兩君へ御面會迄は必着無之様重々傳言を以申越置候間、至急御談合之上成否御報被下度候。

井上は彼らに吉田が外債の金利変更を前提とした交渉を欧州で始めたことを伝える一方で、従来の方針である六分（実利七分）の金利を政府は堅持するつもりであることを吉田に会って確認してほしいと依頼した。使節団が欧州へ向かうことは出発以前からの既定方針であったことから、井上は大久保、伊藤が英国に立ち寄った際に、吉田説得の任を依頼したのである。その後においても、井上は書簡を送り続けて吉田に募集中止を命令している[22]。矢継ぎ早の書簡送付からも、いかに井上が六分（実利七分）の金利に固執していたかが伺えるのである。

余談となるが、先述の井上書簡と同日付で送られた別の私書では、募集打ち切りを指示するだけでなく新たな問題点について以下のように述べている[23]。

……右は貴翰且電信之御報知によれハ、此度之公債一條強而難出來との次第ニも不相見候得共、何分即今貴地之情狀未タ我國の信用充分ならざる歟、或ハ公債發行之地ニ適せざる歟、兼而御協議之計算法併手續ニ而ハ早速行届候樣ニも不被存候。……爾來大藏の事務日ニ增困難相迫り、實ニ向後ノ目途更ニ不相立、殊ニ各方之事務ハ駸々日進ノ運歩ニ而何事も其要ハ經費之給不給ニ關し、其督責ハ都而當省エ蝟集シ、何分不可歇之勢ニ有之、獨り其間ニ立て或ハ之ニ抗論シ、或ハ之ヲ節制シ、可力及ハ今日を維持仕度と、省中一同協力勉勵イタシ候得共、時々各省ヨリ控訴ヲ起シ、又ハ正院エ對シ候而も覆議セサルヲ得サル事共相生シ、終ニハ抗論之體ニ涉リ、實ニ恐悚之極、此末如何有之哉只々關心罷在候。……

このままでは当初の計算法での公債消却が困難になるという従来の理由に加えて、大蔵省と正院および他省の対立の先鋭化も理由の一つに加えており、募集中止に関わる国内での政争も現れたことが記されている。このような国内的事情も、また井上が吉田を掣肘しようとした一因であることが伺える。

3　募集中止の理由

井上が七分の金利制限にこだわり、吉田の起債活動を阻止しようとした主な理由には九分利付外債の金利の件があった。すでに第一章において、この外債については考察しているが、再度、概略を確認しておくこととする。

この外債の目的は経済発展を見込んだ鉄道敷設のためであった。ところがネルソン・レーという英国人が現れたことによって、この計画は思わぬ方向へと推移していく。当初、政府はレー周辺の人物から鉄道敷設のための資金三百万ポンドのうち百万ポンドを一割二分の金利で借用するつもりであった。つまり公募ではなく、私的にレー及びレーの友人から借り入れると認識していたのである。

しかし実際は一般公募による公債とすることを盛り込んだ契約書を作成されてしまい、大隈、伊藤の誤解につけ込んでレーは契約を成立させた。のちに伊藤はこの不備に気がつき、明治三年六月一日、政府はレーとの契約を破棄し、東洋銀行を新たな代理人として九分利付外債を募集することにした。

すると今度はレー側から契約不履行で損害賠償請求訴訟を起こされて法廷で争う形勢となった。不利な状況にあった政府はレーと和解という形で七万ポンドを支払うことになり、契約書をめぐるこの問題は決着を見た。

かくして募集は東洋銀行が行うことになったが、今度はレーが発行した公債が問題となった。すでに英国で流通してしまった公債を政府は破約、買い戻しをしようとしたが、一旦、日本国の名前を出して募集を開始してしまった以上、取り消しや変更は難しい状況にあり、レーの発行した公債を追認することを余儀なくされたのである。

このような経過により、英国では九分利付外債が七分利付外債の計画段階においても依然として出回っている状況が続いていた。

この外債募集の命令書が発せられたのは明治二年一一月一二日である。井上は、その年の八月から大蔵省に出仕しており、大隈と伊藤の計画に危惧を抱きつつも[24]、彼らとともにこの政策を推進していた[25]。つまり井上はロンドン市場において九分利付外債が日本国の公債金利の基準となり、再び高利での起債を強いられるという懸念[26]とアメリカ一番館での資金繰りの情報によって、先ず米国にて起債することとしたのであった。ところが米国での起債状況は英国以上に劣悪で金利は一割二分必要であった。このとき井上は九分利付外債による失敗を想起したであろう。デレノーから示された格別の約定により六分で起債すれば、将来に禍根を残す結果となる。井上に残された選択肢は外債募集の中止以外にはなかった。

（三）吉田の募集続行工作

1　吉田の募集計画に対する決意

一方、先述の通り、七分以上の金利では起債が困難であることを説明された吉田であったが、このまま日本に引き返すことを躊躇していた。それには以下のような理由があったからである[27]。

……七朱ノ實利ニテ發行方行届クベキ見据モ更ニ無之、去トテ一旦日本政府ニ於テ決議シ、米國或ハ歐州ニ於テ公債ヲ興サンカタメ、特ニ大藏少輔ヲ理事官ニ命シ派出セル趣ハ、諸國ノ豪商銀行等モ大略承知ノ事ナレバ、七朱ニテ整ハズ迚此儘引取リテハ世ニ我カ政府ノ經擧ナルヲ示シ、尋テ我邦ノ信榮ヲモ損スル次第ニ付、熟慮ノ上左ノ電信ヲ以テ右ノ事情を大隈參議井上大輔エ報知シ、利足ノ制限ヲ更革センヿヲ乞フ。……

欧米において日本国の外債募集が周知の事実となっており、起債の中止は政府の信用に関わると吉田は判断したのであった。吉田はスチュアルトの忠告に従うことを決め、「公債の談判年利八朱以下ニてハ行屆不申候。就テハ右御許可の委任状改テ御遞送有之度候。舊債の現價大に新債の利息ニ關係いたし候[28]」と電信を打ち、金利の上限を引き上げるように井上に具申した。

ところがその返事が届く前に井上から「本月廿二日大久保・伊藤桑法朗西斯哥《サンフランシスコ》へ向け發程いたし候。兩使着までハ何事も着手被成間敷、米國ニ於て兩使の着を御待合有之度若し既ニ英國御渡航後兩使ニ面會の儀必要ならハ米國御歸航可有之候也[29]」と、計画の一時凍結を知らされた。吉田は初めて日本国で外債募集計画に支障を来す、なんらかの事情があったことを知ったのである。

そもそも外債募集計画の目的の一つである家禄処分は、すでに吉田の米国出発以前から留守政府内で懸念されていた。以下は出発前に黒田が吉田に宛てて送った書簡である[30]。

……偖ては昨朝御大策拜承感服仕候。偖又祿券云々も御明策とは申なから、行ると行れさるとの實地上において聊気付も有之、尙篤と勘考仕るに尋常之事では中々行るゝを得す。非常之御英斷を以て是非やいぬかすんば万々難被行、しす《〔っ〕》かり兵部において□皇州人民保護の道相立ち、屹度固め付候後發令相成度。率爾の事にては遂に行れ難き事往々有之、政府一彈丸となり眞に死地に入って至誠を以て處置あらは、御趣意貫徹之無疑其實事挙るへし。空しく水泡と不相成様乍憚御注意有之度。前件乍恐愚存の儘申上置候。万一半途廢止する様な事にて、御國害と罷成可申。不入御異見御意に触るゝも難計候得共海容可被下候。……

黒田は家禄処分を実行に移すことにあたって、政府はもちろんのこと、吉田にも不抜の覚悟をもって事に当たるように注意している。吉田自身の覚悟も渡米後に送付した以下の書簡でうかがい知ることができる。[31]

……大約新債の如き大事を決議して發行するに當りてハ、中外を論ぜす異論反説等紛々として蜂起する事勿論なり。甚しきに至りては動揺の爲めに兵戈を採るに及ぶ事あり。然とも政府は確乎として爲めに搖されず、一旦決議したる事は是非とも是を踐行して、些少も變更せず。是乃ち信を増すところなり。今般の祿券ハ内外にて異論あるべし。又新債も衆議云々すべし。之ハ兼而期するところなれバ今更驚愕すべきにあらず。到底不抜の議を主張して最初の目的を堅くすべし。新債を募るに至りてハ、僕之を成就する事を今日より保證致し候間、萬々御懸念被成間敷、唯々異論を排して議を變ぜさる事を第一の重務と被成度、若し些少たりとも議を變するの狀ありて、日本の廟議は一旦決定するとも容易く動くべきの色あるときハ、此新債も瓦解し、日本の信は外國に對して一錢の直なき程の害を生し可申、此情實篤と御了解の上決議の根本を固くする事を期望仕候、……

急速な家禄処分案が士族の不満を増大させ、さらには反乱に発展することは充分予測可能なことであり、計画の断行に対して異論が発生することもまた予測しえたことである。スチュアルトの助言のみで吉田は外債続行を主張したわけではなく、出発以前から政府が断固として異論を退けて外債募集を行うべきであるという強い意志を吉田は持っていた。

ゆえに井上の決心が揺らぎ外債募集が中止になることを吉田は恐れた。彼は「祿券ノ儀ハ疾ク御公布相成候事ト存候。若シ萬一モ御公布不相成候得ハ、速ニ御施行相成候様御盡力被下度、偏ニ御依頼申上候[32]」と、早期の家禄処分の実行を進言するとともに「乍御苦労暫シ御氣張被下度、偏に〳〵爲國家ニ御依頼申上置候。大隈老兄へモ宜ク御申陳被下度御頼申遣候。外ニモ海山申上度儀ハ有之候得共不得盡、何分ニモ持論不變樣、偏ニ々奉祈候[33]」と計画の続行を求めた。

この書簡に続いて、翌日、吉田は大隈、井上宛に書簡を出している。[34]

……今般の公債ニ付テハ可成丈東洋銀行へハ依頼せさる心得有之候所、従來吾政府同銀行と關係等篤と熟考いたし候へハ、兎角同銀行の不平を引出さゝる方可然と存候間、倫敦到着後速ニ同銀行へ尋問いたし候處、充分の待遇ニ有之候得とも、主務の儀ニ付而は例の「シフ」組合の引合も有之候儀ニ付、先つ見合居、「シフ」組合の談判成否大略相分り候上ニて、東洋銀行へも都合ニより談判いたし候……今度の公債ハ東洋銀行にて頻りニ引請度模様ニ付、昨今も頭取ニ面會いたし候……

一、「ウヰリアムス」の書狀中に起債セし通の全權御許可の上、拙者へ御委任無之候而は談判結局ニ難至候間、早々御委任被下度、利息も八朱以下ニて出來候儀無覺束候。

一、今更申上候も無益の贅言ニハ有之候得共、外國へ對し一旦公債の談判相始候上ハ何様の議有之候得共、政府ニて御變議等ハ萬々無之儀と奉存候。若御變議有之候樣ニてハ御國信更ニ難相立候間、何卒御盡力御注意被下度候。

……先便の電信にて伊藤大輔米國着迄ハ主務の談判可見合云々御申越有之候得とも、其趣意更ニ了解難致候。何等の儀ニ可有之乎と苦心仕居候。或ハ伊藤大輔來着の上ハ却て一層の便宜可相成信を可得歟とも存居候儀と有之候。

一、先便も屢々申上候通り祿券御發行の儀ハ最早疾クニ御發令相成候儀とは奉存候得共、空しく遷延相成候而は却而大事を誤候事も出來候乎も難計候間、速ニ御發令相成人心の方向を定めしむる方可然と奉存候。今般の公債の儀ハ利息の高低多少可有之候得共、談判ハ必定行屆可申候間無御懸念御施行有之候樣致し度奉存候。……

ロンドン到着後に起債にあたっての下準備、談判が具体的に進行していることを伝え、委任状の督促、起債凍結への不満、家禄処分の速やかな実施を促している。既出の書簡の内容とあまり差違はないが、大久保、伊藤到着までの起債凍結命令に吉田が抗議していることは、彼等の到着が起債になんらかの影響を与えることを予測している様子がうかがえる。

なお家禄処分の着手については、のちに井上は六月九日付の吉田宛書簡で「士族卒祿ハ先着手不仕、華族ハ兼テ決議ノ通リ早々祿制ニ決定仕度心組ニ御座候。且中々此祿制位ニテ不足ヲ償不申、其他ハ凡テ諸省月給迄定額ニ取定、是迄ヨリハ少々宛減少シ其他ハ新札ヲ以テ是間ニ合セ可申ト相考へ居候[35]」と、計画が変更になったことを記している。吉田がこのことを知るのは八月一三日であり[36]、募集額が一〇〇〇万円に減額された前日のことであった。

六月一二日になると、吉田の元にロンドンでの起債の回避を指示した四月一九日付の井上書簡が届く[37]。吉田は井上の倫敦東洋銀行への不信を払拭すべく「主務之景況至て好都合ニ候間御掛念有之間敷、其成効無疑事と存し候。倫敦東洋銀行の引請度《ママ》至て懇親に有之候ニ付、右事務取扱方申付候。横濱東洋銀行の儀ニ付御掛念有之間敷、倫敦東洋銀行ハ公債發行のため盡力可致趣保證いたし候[38]」と電信を打った。ところが、その電信と入れ違いに二日後の一四日の夕方には井上からの電信が入り、「八朱の利息ハ日本國政府に於て許可不相成候。大久保・伊藤之着を御待合可有之候也[39]」と指示された。井上はこの電信を打つにあたって、四月一六日付の大隈、井上、渋沢、上野宛吉田書簡を読んでいた筈であり[40]、井上自身の起債中止の意思はより強固なものになっていたに違いない。一方、吉田は大久保、伊藤が起債中止の説得の使者になることを予感したであろう。

2　吉田による大久保、伊藤説得工作

以上の理由に基づき、吉田は井上に対して募集継続を主張し欧州において起債交渉を続けたが、英国での起債方針に関して、吉田と井上の主張は平行線をたどることになる。

先述の吉田、ウィリアムス宛に打たれた五月二九日付井上電信は、六月一四日夕方に吉田の元へ届いた[41]。電信の内容から吉田は大久保、伊藤が井上の代弁者である可能性を考え、両名の到着が起債の中止につながる可能性をも予測したはずである[42]。そこで彼らがロンドンに到着する前に吉田は手を打った。それが以下の大久保、伊藤宛の書

簡である。[43]

一、先般大隈參議・井上大輔兩名より之電信之趣ニてハ、兩君の御再着迄ハ拙生之主務施行方見合候様申來候。元來當新債之儀ニ付而は一旦御廟決之上、拙生へ御委任相成候事故、今更變更之儀ハ萬々無之儀ニハ存候得とも、若又何歟異見之儀有之候乎と甚疑懼致居候間、何か兩君へ御託し申候儀等有之候ハヽ、早速御申越有之度。

一、兩君より之御左右相待候上ニて、吾主務之儀施行可致筈ニ候處、右公債之儀ハ前文ニも申進候通り、一旦御廟決ニ相成候事故變更之儀ハ無之と存込、且ハ他邦へ對し候而も一旦相企候儀、今更中絶いたし候てハ吾國之威信ニも關係いたし候事故、拙生においては最早御委任之趣を踐行致し候心得ニて、當地着後擔當盡力仕居候。

両者がロンドンに到着する前に近況を報告しているようにも感じ取れるが、その反面、勅旨を盾に既成事実があることを宣言して交渉打ち切りへの牽制を行ってもいる。

さらに吉田は、その書簡とは別に大久保個人に宛てて一通書簡をしたため、金利問題について彼に理解を求めている。[44]

……陳は、小生儀も老臺方御立後公命を奉し、公債募方として欧米へ出張し、只今龍動府滞在、本末之運等は別紙數通之公書にて御了解可被下と相略申候。一體之御趣意は疾に御了知相成候事と愚存仕候。定て御異論共は無之筈と乍憚安慮罷在候事に候。三日以前に始て井上よりの一書到来披見候處、米國にて事不成して英國へ出張、東洋銀行へ相談に及ひ候とも、充分に事運ひ候歟と大に御苦慮之姿に相見候得共、是等は基より將來の不都合到來せさる爲め、米國着後右様傳信を以報知いたし置、唯今に至り、別紙に申上候通之上都合にて、何も御苦慮不被候様伏て希居候事に御坐候。老臺方御着迄は公務を取止め候様電信にて申來居候得共、東西遠路懸隔之事故、一身之手足を動候と同様にはいたりかね候間、不得止時宜よりして別紙井上へ報知いたし候。主意通東洋銀行と取組いたし候次第に候間、左様御了承被下度奉存候。御存之通、以前に起したる公債の利足九朱にて、其上運上を質に措き有之候間、此節にいたり、單に政府之クレヂット義信を以、古債の四倍にあたれるものを七朱の利足にて成就いたし候儀は、ちと六ヶ敷被存候。自今日本政府之クレヂットと云もの卽八朱半位に當り居候間、如何様勉強いたし候ても、諸人は日本の情態に疎く、且つ右様以前より之体裁も有之候事なれは、無念なから存分に事運兼候次第、篤と御推察被下度候。乍併、八朱までには是非とも成就いたし度存申候。……

吉田は、これまでの募集経過を報告し、九分利付外債の影響によって現在の日本国では六分（実利七分）での起債は困難であることを説明したのであった。つまり九分利付外債が日本国の起債に当たって、一つの指標になってしまっていることを吉田は大久保に説いたのである。

吉田があえて大久保にのみ理解を求めたことは、彼が吉田と同じ薩摩閥であること、井上の上司にあたる大蔵卿の職に就いており、唯一彼に命令を下すことができる人物であったことが関係しているであろう。大久保を説得することができれば、井上を翻意させることも可能であると考えたことは想像に難くない。

反対に井上は大蔵卿である大久保が、大蔵少輔の吉田に対して頭ごなしに命令できる立場であったことから説得交渉に最適であると考えていたのであろうが、実際の大久保の行動を見てみると、ロンドン到着後、吉田に対して協力的な行動をとっている。このことから大久保は書簡に記されていた吉田の意見について、一考の余地があると考えたのではなかろうか。

吉田は大久保の心境など知るよしもなかったであろうが、大久保と伊藤は当初の井上の代弁者という立場から、意見を異にする井上と吉田の調停者という立場へと役割を変えることとなったのである。

吉田が大久保説得に乗り出している間、井上はなかなか起債を中止しない吉田にさらなる募集中止命令を出そうとしていた。以下は井上の書簡であるが[45]上野も名前を連ねている。[46]

一、第一、森有禮事先生ト爭論ノ末、終ニ爭論ノ始終と且士卒族祿元來彼等ノ「プロペルチー」故、政府ヨリ掠奪スルヿハ不條理明白杯云フ樣ノ意味ニテ、米國於テ英文ノ「プリンチンク」ヲ諸朋友ヘモ送達セリ。同人事「チヤーヂドアフヘアー」ニテ、只政府ノ用向ヲ米國政府ヘ達スル迄ノ職務、外ノ事務且我政府ヲ辱カシムル所業言語ニ絶シ候。定テ歐羅巴ヘモ右樣ノ書散亂スルハ必然、此一事ヲ以テモ我信用ヲ失セシ夥シク、條公初メ殊ノ外憤怒是非トモ呼返シ嚴罰スルニ決議アリ。實ニ先生ノ今度ノ業作ヲ妨害スル多シ。餘程御苦配ト想像セリ。右樣ノ說散布スルトキハ ヨシ八「ペルセント」「パー」ト思考候テ、公債證書發行候トモ「プブカロウン」《(ママ)》ノヿナレハ、中途ニテ瓦解シ、前後進退度ヲ失シ、終ニ其非ヲ遂クルニ至リテハ、所爲ハ云ニ不及、「ロウン」每ニ失策シテ世間ノ嗤笑ヲ招キ可申ナリ。

第一の理由として森の妨害を挙げている。森の米国での行動や言動は、すでに正院の知るところとなっており、三条が激怒したことが記されている。このような森の妨害が中止の理由の一つとなり、第二の理由と相まって以下のような結論に達している。

一、第二、先生「カルホルニヤバンク」初會ノ節、「オリエンタルハンク」政府ヘ動向ニ付不滿足ノ意ヲ「ローストン」ヘ廉々御話シ有之候ヲ、書面ニテ「ロントン」「オリエンタルハンク」「ステワールド」ヘ其儘ヲ申遣シ、同人ヨリ「ロストン」ヘ返答トモ「ロベルトソン」ヘ差贈、同人餘程心痛致シ居、使節着シテ何等不平ノ廉々又疑念ヲ蒙リタルカ「ロンドン」ニ於テモ問合候樣子ハ書面ニ現在セリ。何分證據ナキヿヲ外言被成候故、實ニ申譯ニモ實ニ困入申候。依テハ同店モ深意快ク存シ候テ、此度ノ事業モ引受候積哉否御遠察ムツカシク候。又同店モ最初供論セスメ他に策盡テ依賴セント見クビラルヽハ必然ナラン。且先生ノ疑惑ヲ不快ニ思ハザルヲエス。此二ヶ條ハ實ニ大ナル妨碍ヲ生センヿト相考申候。如此ナル妨害ヲ不顧シテ事ヲ起ストキハ其事實困難ヲ引出シ進退ニ困シム樣相考候ニ付、元ノ七分ナレハヨシ若シ其制限ノ如ク不被行トキハ、一度趣向ヲ改メ來年又ハ明後年ニ起スモ遲ニアラス、又金モ必借ヲ要スル𪜈ハ貸主モ髙利ヲ要求スル疑ナシ。故ニ當時ノ處ニテハ正院我等ニ於テモ却テ此「ロウン」ハ先延引スル方上策哉ト相考申候。併制限中ニテ成就スルヿナレハ誠ニ重疊ナレハ御盡力可被成候也。

第二の理由として吉田が東洋銀行への不満をカリフォルニア銀行へ漏らしたことを挙げており、ついに井上は吉田自身の責任にも言及している。すなわち吉田の不満が東洋銀行の耳に入ったことで同銀行の不快感を招き、彼への妨害工作に発展することを井上は懸念しているのである。そして七分以上の金利ならば、正院、大蔵省ともに計画を中止する方が良いと考えており、それ以下ならば起債は続行とすると、この書簡は締めくくっている。

しかし井上は吉田からは数回にわたり七分での起債は不可能であることを知らされているため、この書簡は、事実上、計画自体の白紙を意味すると考えられる。この書簡を書いた後にも「從前之箇條變更いたしがたく、利足ハ事實七朱限りたるべし」[47]と、井上は電信で念を押している。

井上だけではなく、大蔵省、正院ともに起債中止を考え始めており、一方で大久保、伊藤がロンドンへと近づきつつあった。もはや吉田に打つ手は残されていなかった。

(四) 井上の募集続行命令

1　大久保、伊藤の到着

大久保と伊藤がロンドンに到着したのは明治五年七月一四日であり、吉田と面会したのは翌日の一五日となるが、以下は彼らが面会した際の様子を記している。[48]

……目今「倫敦モニーマーケット」ノ景況、且我邦「クレヂット」ノ强弱ニ至ルマテ詳細ニ説明シ、且太政官大藏省ノ見込等承知ス。……

大久保、伊藤からは「太政官大藏省ノ見込等」を聞かされ、吉田は「倫敦「モニーマーケット」の景況、且我邦「クレヂット」ノ强弱」を説明した。それから一九日までの五日間、吉田は大久保、伊藤と何度も会い熟議を行った。[49]
この議論の中で吉田、大久保、伊藤は六分（実利七分）での起債は困難なこと、正院、大蔵省は六分（実利七分）以上の金利での起債を認めないことを確認し合った上で、日本国に課せられる金利が果たして適正なのかどうかを検討した。その結果、大久保、伊藤は二〇日に以下の電信を西郷、大隈、井上に打った。[50]

倫敦着之上種々吟味探索せし處、利息七朱にして且つ年賦償却の備もなくしてハ、いづれの地におゐても今明年の內我公債之行ハれかたきを瞭然悟解したり。是目今我國の「クレヂット」八朱ト三分ノ一より昇らされハなり。故に若し日本政府金を要するなれハ利息を増し、年賦償却の方法且願い出したる委任状必しもなくんバあらず。

この電信は、もし日本国が起債を行うならば世界のどこにおいても六分（実利七分）では難しいため、金利の積み増しが必要であることを述べている。
これに対して二五日後の八月一四日には大隈、井上から以下のような電信が届いた。[51]

太政官に於て公債の惣額を一千萬圓に減じ、實利年々八朱の割合を許可せり。尤七朱利付證書を書面高或は減價にて賣出すとも都て八朱の實利付證書と同額に當る様發行すべし。「ヌゼント」の世話料其他の入費拂方等は都て吉田に委任す。

現米百二十萬石の高をば元金支消並利息の抵當として年々引分け置べし。利息は半年毎に拂ひ公債の流通十五ヶ年たるべし。

元金の拂方は證書發行より六ヶ年後に始め、年々百萬弗づつ拂戻すべし。

日本政府は漸次に祿米を買上げ、且之を賣拂はんとするものより而已買上げべし。

吉田「ウキリアムス」は此の電信の趣意に基きて其手續をなすべし。尤此制限を越ゆべからず。

相當の委任狀は西九月廿三日の郵便にて送るべし。

右にて公債の約定可整乎否、電信を以て回答あるべし。


募集総額は一〇〇〇万円に減額すること、金利は七分（実利八分）にすることといった諸条件が決められている。この井上からの電信を以て外債募集は続行の運びとなった。以後、起債条件に関して吉田は大久保、伊藤、スチュアルトと相談し、発行価格、償却期間などを取り決めながら公債の広告を出す時期を見計らうこととなった。

2　募集続行命令の理由

大久保と伊藤の電信を受けた井上は起債続行の判断を下すこととなったが、その心中は穏やかならずという状態であったであろう。なぜなら当初の目論見である六分（実利七分）での起債は、現在の日本の国力では困難であることを再確認させられたからである。

日本国の財政健全化という観点からみれば、外債募集によって得ることのできる資金は必要だが、七分（実利八分）での起債は財政を圧迫するという矛盾を井上はどのようにして解消したのであろうか。

この問題については、まず井上が大久保、伊藤、吉田に宛てた以下の書簡でうかがい知ることができるであろう。[52]

……所詮此公債を成熟するにハ當初七分利「パー」之見込而已株守候而は、行屆候儀ハ無覺束、さり迚此際中廢候も如何にも體裁を失シ可申、夫是愼思討議之末、正院ニ於て一個之折衷方法を設立いたし、卽チ別紙計算書之通取行候積ニ候間、從來之御手續も可有之候哉ニ候得共、更ニ其公債高を減し、改而貳百萬磅卽チ一千萬圓を以て集募之目的とし、利子ハ年八分にても又ハ七分にして證書發行を聊低價にして、八分の利子に相當之割合たらしむるも可然御取計有之度……

八分で三〇〇〇万円の起債を行えば「別紙計算書」の通りに目途が立たなくなるために、起債高を一〇〇〇万円に減額して金利の総額を抑えることで井上は先述の矛盾を解消したのである。[53]

次に井上は以下のような書簡を大隈にも送っており、そこから彼の金利への配慮を知ることができる。

昨晩出張候而早速ロベルトソンへ面會候て、從來往復之手都合都合第一字頃迄說明し候處、何分にも一千萬圓とリミット被成候と必再ひ弐千萬圓之權利申來り可申候。勿論ノミナール計弐千萬と申と大きに利足之都合にも關係、全体高之少きロウンは利足少し高きは當然との事に候。勿論ノミナール計二千萬と呼出し候而其實一千萬之金を請取、其他レフースすることになれは格別之害も有之間敷相考へ申候得者、爲念今一應相伺候。且亦イントレストも八半と少々緩にヲーソルチーを與へ置候樣無之而は機會を失し事多大の事に候。尤ロンドンヘッド、ヲヒシルスも充分日本政府之爲盡力候故決て損失は懸ぬと申事、且同人之忠告故是は與へ候而も可然候哉と奉存候間、兩條共に他に害と申程之事は有之間敷、併先生迄相伺候間至急御指圖奉待候。……勿論本御委任狀中に無之と、先生と御相談之上ロウン之都合に依りて含置候樣、書狀中申遣し候而可然樣相考へ申候。

井上が横濱東洋銀行におもむきロベルトソンに相談したところ、一〇〇〇万円の募集では金利を高く設定しなくてはならなくなることを知らされた。そこで、とりあえず市場で二〇〇〇万円の資金募集を行い、一〇〇〇万円の資金が集まった時点で募集を中止するという方法を用いて起債を行いたいと井上は考えていたようである。

さらに、この機会に七分半（実利八分半）程度の金利で起債を行わなければ大事を失するという主旨の文章を書き記しており、彼自身の考えも完全に起債続行へ方針転換したことが見て取れる。

３　外債募集の結果

井上による続行命令の後、吉田は外債募集の機会を見計らうべく、約四ヶ月もの間、ヨーロッパに滞在することとなった。この間、吉田はドイツにおいて貨幣注文の契約にたずさわりながら、前駐日蘭国公使の「ポルスブロック」に働きかけて外債募集の可能性を探っている。[54] しかし発行額や発行価格の問題で交渉は難航したため、結局、東洋銀行を頼ることとし、明治六年一月三日、吉田はスチュアルトに面会を申し込んで、公債募集依頼の意向を伝えた。[55]

> 正月三日東洋銀行ニ到リ支配人「スチユアルト」ニ面會シ、目今「マーケット」ノ景況モ好都合ト見受ラレシニ付、公債發行ノ手續ニ取掛度趣申通セシ處、同人の説ニ目今至極好都合ト申場合ニモ立至ラサレドモ、先ツ可也ノ時節ニ可有之、近々諸國ノ公債モ發行可相成模樣ナレハ、之ニ先タチテ發行スル方至極便利ニ可有之云々ナリ。詳細ハ明日談判ノ積ニテ引取ル。

スチュアルトも諸外国が公債発行を始める前に、日本国が募集を始めることが肝要であることを述べ、吉田の意見に同意したのであった。

翌日の一月四日、再度、吉田はスチュアルトと面会し、具体的な発行方法について彼自身の見通しを聞くこととなった。[56] 彼は東洋銀行が公債発行を単独で請け負うことを避けるべきだと主張した。一つには「佛國政府ノ形勢モ不穩舊債發行ニ付テノ云々モ有之」[57] こと、さらには九分利付外債の時にレーと東洋銀行の関係が悪化したことで、今回の起債にレーが妨害することを懸念したためであった。[58]

一月六日、スチュアルトは東洋銀行が懇意にしているブローカーの「スキリムジョール」[59]を吉田に紹介した。彼が英国の有力銀行に声をかけ東洋銀行を中心に銀行団（シンジケート）を結成し、その銀行団が日本国の公債発行を請け負っていることとしたのである。[60]そして起債方法を以下のようにした場合、例え英国の金融市場において買い手がみつからなくとも銀行団で公債を引き受けることを申し出ている。[61]

その具体的な起債方法は以下のようになっている。[62]

一　公債利息年々七朱但年々兩度に拂ふべし。

一　公債呼高二百四十萬封度。

一　發行直段百ニ付九十二半。

一　證書流通年季二十五ヶ年。

一　元金支消ハ二ヶ年半後より「アツキユムレーシンキングフオンド」（是ハ初年ニ元金ノ内二分通りを拂戻し、年々元利年賦濟崩之方法なり。尤二ヶ年半後即千八百七十五年第七月を以て元金を拂ひ始むべし）の方法たるべし。

一　抵當ハ祿米買上高の内四十萬石を備ふべし。

一　九十二半ニて發行し、二朱半を「シンヂケート」の「コムミツシヨン」とし、殘九十を日本政府へ納むべし。

これによれば、①年間の利息は七分、[63]②外債発行高は二四〇万ポンド(約一〇〇〇万円)、③額面価格の九二半で買入れ可能、④証書の流通は二五年、⑤元利混合済崩法により二年半後より元金償還を開始する、⑥抵当には米四〇万石分を用意すること、⑦③のうち二分半は、シンジケートの手数料とし、政府は公債額面の九〇の資金を受け取ることとしている。その他、東洋銀行へ周旋料として一分支払うことと証書製造費用などを加えると、政府が支払う利息は実質八分半ということになった。[64]

最後に公債証書の額面は、それぞれ「一千封度、五百封度、一百封度」[65]の三種類を用意して発行準備は整った。

以上のような経過を経て吉田は明治六年一月一四日より「當地の新聞紙ヲ以テ公告」[66]し、二四〇万ポンドの募集を開始した。市場の反応はことのほか良好で、[67]わずか三日ほどで資金調達の見込みはたった。広告を出した六時間後に二九〇万ポンド分の申し込みがなされ、一六日までには九一五万ポンド分の応募が集まったのである。[68]最終的に応募額は「九百六十六萬四千九百磅」[69]、日本円にして約五〇〇〇万円となり、吉田の予想を遥かに上回る額となった。[70]

また先述のように、証書は額面の九二半の割合で買い入れることが可能となっていたが、市場において評判が良かったため九四半から九四．七五程度までその値は高騰した。

こうして集められた調達資金は、明治六年二月から六月の五ヶ月の間に分割して運ばれることが決まり、順次、日本国へ回漕されていった。[71]

（五）むすびにかえて

前章で述べたように、井上は吉田の報告からたとえ東洋銀行の妨害行為を差し引いたとしても、米国では一割二分の金利を設定しないと起債できないことを知った。井上は六分（実利七分）での起債という前提条件が崩れた以上、高金利による外債募集は財政を圧迫すると考え、計画そのものを白紙に戻そうとして吉田に帰国命令を出したと結論づけられよう。

その一方で吉田は井上の中止命令に不服であった。その理由については以下の二点を指摘することができる。

第一にロンドン東洋銀行支配人のスチュアルトとの交渉から、多少、金利が高くとも募集を続行すべきだと考えたことが挙げられる。吉田は明治五年五月一三日にはロンドンに到着し、三日後の一六日にはスチュアルトと面会し交渉に入っている。その席で吉田は欧米では日本国の外債募集が周知の事実となっていることを知り、起債の中止は政府の信用に関わると判断したからである。[72]

第二に吉田自身の募集計画への決意が挙げられる。吉田は日本国を発つときに家禄処分の断行への強い意志を持っており、なんとしても外債募集を成功させねばならないと思っていたことが、黒田書簡など数々の書簡から推測することができるからである。[73] 吉田が渡米した際、岩倉、木戸、森らにその計画を説明したところ、各人に温度差はあるが、総じて異論が唱えられた。しかし、どのような異論があったとしても外債募集を行うべきであると吉田は考えており、計画続行を主張したのである。

このような吉田の決意に対して、井上は「此公債之事務ハ即今之大事件ニ候得ハ、萬一其處置を誤り他日噬臍之悔あるも又及ハさる處[74]」と後に語っているように、吉田の主張に耳を貸そうとはしなかった。井上の脳裏には九分利付外債のことがあり、米国での起債が難しいならば英国の起債は到底不可能であるという固定観念にとらわれていたのではなかろうか。

この膠着した局面を打開したのは、大蔵行政に疎い大久保と井上の親友である伊藤であった。井上は大久保、伊藤に吉田説得を頼んでおり、井上自身の考えを貫徹させるための使者としての役割を彼らに期待したが、吉田は大久保と伊藤が英国へ来ることを知ると逆に彼らの説得工作に乗り出すのである。その結果、大久保と伊藤は井上の代弁者として吉田を説得する立場から、双方の言い分を聞く調停者という立場となっていくことになる。

実際に彼らは英国において吉田とともに実務にあたることによって、世界のいずこにおいても金利は七分（実利八分）以上でなければ起債はかなわないことを知り、井上に報告することになった。

吉田の報告のみならず大久保、伊藤の報告を聞いたことにより、そもそも六分（実利七分）での起債が困難であったことを井上は理解した。しかし当初の設定金利を超えて三〇〇〇万円の起債を行えば、財政の圧迫につながる。そこで井上は起債総額三〇〇〇万円のうち、殖産興業に充てるつもりであった二〇〇〇万円を諦め、家禄処分に充てる残りの一〇〇〇万円のみを募集することとした。[75] 金利が上昇しても、その支払い分の総額を減らすことで財政圧迫の危険を回避したのである。これにより井上は吉田に対して起債続行を命じることになったのである。

〔注〕

1 例えば『木戸孝允日記 第二』、七四頁には「……大久保大藏卿來る會計の事暗く當職に安せさるの内話あり……」と、大久保自身が大蔵行政に疎いことを認めている。また『雨夜譚』(岩波文庫)、一九八四年、一八七頁にも「大蔵省の主権者でありながら理財の実務に熟せざるのみならず、其真理さへも了解し難い、井上は切に拮据して経営しつつあるが、独力で如何とも為し得ざるであろう、加之大丞以下の職員は多く大久保の幕僚であるから、井上の趣旨を遵奉してその職に勉強して指揮に従うことは甘じない」と、渋沢も大久保の大蔵行政に対する実務に暗いことを述べている。

2 前掲明治五年二月一五日付、大久保、伊藤宛井上、吉田書簡、『明治財政史 第八巻』、一六五頁。

3 前掲明治五年三月二三日付、三条、西郷、大隈、板垣、大久保、井上宛吉田、大鳥書簡、「発行日記」、六二頁。

4 前掲明治五年三月二三日付、三条、西郷、大隈、板垣、大久保、井上宛吉田、大鳥書簡、「発行日記」、六三頁。

5 明治五年三月二四日付、大蔵卿輔宛ウィリアムス電信、「発行日記」、六三頁。

6 『公文録』、壬申二月大蔵省伺、二七号文書。

7 明治五年四月七日付、ウィリアムス、吉田宛井上電信、「発行日記」、七三頁。

8 明治五年四月一六日付、大隈、井上、上野、渋沢宛吉田書簡、「発行日記」、七一～七二頁。

9 「発行日記」八一頁。

10 前掲「発行日記」八一頁。

11 前掲「発行日記」八一頁。

12 前掲「発行日記」八一～八二頁。

13 明治五年七月二二日付、西郷、大隈、井上宛吉田書簡付随の「各國公債表」(「発行日記」一〇六頁所収)を参照されたい。

14 明治四年四月一九日付、吉田宛井上書簡、「発行日記」、九六頁には、「壬申三月廿三日御確認之公書竝副書其外共四月十八日横濱着。」と記されている。

15 前掲四月一九日付、吉田宛井上書簡、「発行日記」、九六頁。

16 前掲四月七日付、ウィリアムス、吉田宛井上電信、「発行日記」、七三頁。

17 前掲三月二三日付、三条、西郷、大隈、板垣、大久保、井上宛吉田書簡、「発行日記」、五八頁。

18 明治五年二月一四日付、吉田宛井上書簡、『吉田清成文書 二』、九三頁。

19 明治五年五月一五日付、吉田宛井上、大隈書簡、「発行日記」、一〇二頁。

20 明治五年五月二九日付、吉田、ウィリアムス宛井上電信、「発行日記」、一〇〇頁。

21 明治五年六月一〇日付、大久保、伊藤宛井上書簡、『伊藤博文関係文書 九』(塙書房)、一九八一年、二七頁。

22 例えば明治五年六月二四日付、吉田宛上野井上書簡、「在歐吉田少輔往復書類(以下「往復書類」)」『明治前期財政經濟史料集成 第十巻』、二九七～二九九頁。

23 明治五年五月一五日付、吉田宛井上書簡、「往復書類」、二七九頁。

24 『大隈伯昔日譚』、三五三頁には、「井上馨及び澁澤榮一等は、この企書賛成せざりしに非ざれども、時の情勢に危む所あり」と記されており、この計画に危ぶみつつも大隈等に賛成していたことがわかる。

25 『保古飛呂比 佐々木高行日記 四』（東京大学出版会）、一九七三年、三一八頁には「鐵道ノ公債ヲ英國ニ募ル、コハ大隈・井上・伊藤等急進論ノ時ナリ、此節横濱・東京間鐵道付設ノ議アリ、大隈・伊藤等大藏ニアリ、頻リニ外資輸入論ヲ主張ス、……」とある。

26 明治六年一月五日付、吉田宛井上書簡、「往復書類」、三三九頁において井上は、「何分ニも八朱半ゟ上之「レート」ニテハ此先又公債發行之際、是ヲ以日本「ロウン」ノ直段相定候樣之氣味之相生し、則元鐵道「ロウン」、九P之「レート」、今日發行價之階と相成、必然方今之害と奉存候。」と述べている。

27 前掲「発行日記」、八三頁。

28 明治五年五月二一日付、大隈、井上宛吉田、ウィリアムス電信、「発行日記」、八二頁。

29 明治五年五月二九日着（いつ送付されたのかは不明）、吉田宛井上電信、「発行日記」、八六頁。

30 明治五年二月一二日付、吉田宛黒田書簡、『吉田清成文書 二』、三五二頁。

31 前掲明治五年四月一六日付、吉田書簡、「発行日記」、七二頁。

32 明治五年六月五日付、井上宛吉田書簡、「往復書類」、三〇三頁。

33 前掲明治五年六月五日付、井上宛吉田書簡、「往復書類」、三〇三頁。

34 明治五年六月六日付、大隈、井上宛吉田書簡、「発行日記」、九一～九二頁。

35 明治六年六月九日付、吉田宛渋沢、上野、井上書簡、「往復書類」、二九六頁。

36 明治五年八月二二日付、井上、上野宛吉田書簡、「発行日記」、一二二頁の中に記載がある。

37 前掲明治五年四月一九日付、井上書簡、「発行日記」、九六～九八頁。

38 明治五年六月一三日付、井上宛吉田、ウィリアムス電信、「発行日記」、九八頁。

39 明治五年五月二九日付、吉田、ウィリアムス宛井上電信、「発行日記」、一〇〇頁。

40 前掲関口論文「七分利付外国公債募集計画をめぐって」注一一八にも考察がなされているが、書簡の到達速度は、およそ三〇日から四〇日の間と考えられる。

41 前掲「発行日記」、九八～一〇〇頁には、「六月十四日左ノ書状ヲ大隈參議井上大藏大輔へ遞送ス……同夕井上大藏大輔ヨリノ電信相達ス左ノ如シ」とある。

42 前掲明治五年五月二九日付、井上電信、「発行日記」、一〇〇頁。

43 明治五年六月一六日付、大久保、伊藤宛吉田書簡、「発行日記」、一〇〇～一〇二頁。

44 明治五年六月一六日付（書簡には「西七月廿一日」と記載されている。おそらく「西」の誤りであろう）、大久保宛吉田書簡、『吉田清成関係文書 三』、三一三～三一五頁。

45 明治五年六月二四日付、井上宛上野書簡、「往復書類」、二九七頁。

46 先述のように、上野は九分利付外債におけるレーとの紛争処理のためにロンドンに行った経験を持つため、外債には慎重であったことが推測される。その結果、井上に同調し連名書簡が作成されたのだと考えられる。

47 前掲「発行日記」、一〇三～一〇四頁には、井上からの電信が七月六日に到着したことが記されている。よって電信の到達速度（早ければ七日、遅ければ二週間弱かかる）を勘案すると、六月二五日頃に打たれた電信であると推測される。

48 前掲「発行日記」、一〇四頁。

49 前掲「発行日記」、一〇四頁。なお『世外井上公伝 第二巻』、一八五頁には「七月十四日に、大久保・伊藤が倫敦に來着したので、吉田が今日までの經過を述べて、利子の點も深く研究する所があり、……」とある。

50 明治五年七月二〇日付、西郷、大隈、井上宛大久保、伊藤電信、「発行日記」、一〇四頁。

51 明治五年八月七日付、ウィリアムス、吉田宛大隈、井上電信、「発行日記」、一二〇頁。

52 明治五年八月二二日付、大久保、伊藤、吉田宛井上、大隈書簡「往復書類」、三二一頁。

53 明治五年八月二八日付、大隈宛井上書簡、『大隈重信関係文書 1』、二九三頁。

54 前掲「発行日記」、一二七～一四三頁。

55 前掲「発行日記」、一四三頁。

56 前掲「発行日記」、一四五頁。

57 前掲「発行日記」、一四五頁。

58 前掲「発行日記」、一六九頁には「「レー」氏と東洋銀行この間種々不平の情實モ有之候故、若し此度東洋銀行ニおゐて再ひ公債を發行する時ハ「レー」氏暗にこれか妨を爲す事必然ニ有之べくとの事也」とある。

59 前掲「発行日記」、一四五頁。

60 前掲「発行日記」、一七〇頁には「「ストツクエキスチエンヂ」の「ブロークル」なる「スキリムジヨール」東洋銀行ニて常々使用ノブロークルなりと申す者を以て、當府有力之「バンク」等を誘引爲致、其景氣相試候處、至極好都合之趣ニ付……」とある。

61 前掲「発行日記」、一七〇頁には「其後日々東洋銀行へ出張いたし利息之歩割・發行直段之高低・抵當之多寡・證書流通年季之長短等種々討論いたし候處、左之條件を以て約定いたし候ハ、何時ニテモ「シンヂケート」ニて引請、世上債主の有無に拘はらず百ニ付九十二半の割合を以て出金可致旨、右「スキリムジョール」申出候」とある。

62 前掲「発行日記」、一七〇頁。

63 『明治財政史 第八巻』、六二一頁には「一月一日、七月一日半年毎ニ倫敦東洋銀行ニ於テ拂フヘシ初回半年ノ利息ハ證書面ノ金高ニ應シ一千八百七十三年四月一日ニ拂フヘシ」と利息支払い日も記してある。

64 前掲「発行日記」、一七〇頁には「……東洋銀行之「コムミツシヨン」一朱其外證書製造費用等引去り算計相立候とも大凡八朱半に過きす……」とある。

65 前掲『明治財政史 第八巻』、六二〇頁。

66 前掲「発行日記」、一七〇頁。

67 明治六年一月一七日付、吉田貞宛吉田書簡には「公債も当十四日発行いたし、最早九百万封度凡五千萬圓程卽ち日本一ヶ年之歳入と斉し餘り之高に至るまで願人有之候」とある。

68 前掲「発行日記」、一七〇頁には「即日六字間中ニ東洋銀行へ申込候高既ニ二百九十萬封度ニいたり、同十五日竝十六日三字迄ニ總額九百拾五萬封度ニ及へり」とある。

69 前掲「発行日記」、一六九頁。

70 前掲明治六年一月一七日付、吉田貞宛吉田書簡には「近來稀之大出來と申風聞に有之候。」とある。

71 前掲「発行日記」一七一頁には、

「二月一日迄ニ　四拾二萬封度
三月一日迄ニ　四拾十八萬封度
四月一日迄ニ　同斷
五月二日迄ニ　同斷
六月一日迄ニ　三十六萬封度
合二百二拾二萬封度」とある。

72 明治五年五月二一付、大隈、井上宛吉田、ウィリアムス書簡、「発行日記」、八一～八三頁。

73 前掲明治五年二月一二日付、吉田宛黒田書簡以外にも、吉田の決意を知る書簡として明治五年四月一六日付、大隈、井上、渋沢、上野宛吉田書簡、「発行日記」、七一～七二頁が挙げられる。

74 明治五年八月二二日付、大久保、伊藤、吉田宛井上、大隈書簡、「往復書類」、三一一頁。

75 前掲「発行日記」、一五一頁に記載されている明治五年八月二〇日付の勅旨には「一千万圓ノ金額ハ日本ノ舊諸藩士卒ノ家祿ヲ買入ル爲メニ用ユルモノニシテ……」とある。

第五章

井上財政の終焉と外債の使途

明治六年一月～明治八年七月

（一）はじめに

第二章で述べたように、外債募集で得ようとした資金は当初計画では三〇〇〇万円であった。その内、二〇〇〇万円は殖産興業費に充て、残りの一〇〇〇万円を禄券買い上げの費用に充てようとした。しかしながら、先述のような理由をもって、計画は三〇〇〇万円から一〇〇〇万円まで縮小された。

この決定がその後の井上の財政方針に影響を与えて大蔵省と各省間の政争を惹起し、明治六年の予算紛議に発展することとなる。まず、この事件について触れておく必要があると考えて言及することとする。

次に井上財政後の外債資金の動向について触れる。外債募集は明治六年一月に行われており、井上の辞職や家禄処分の延期と関係なく、外債で得た資金は日本国へ回漕されてくることとなった。そこで大隈はこの資金の第一の使い途として不換紙幣の価値を担保する準備金とするのだが[1]、これら準備金制度の創設の経緯や草創期のあり方について言及しておくこととする。

また家禄処分の歳出に占める割合は依然として高く、政府の財政を圧迫していた。そこで大隈は、この資金の第二の使い途として、秩禄公債発行にともなう一時金の費用に充てたのである。よって最後に秩禄公債発行の経緯についても触れておく必要があると考える。

以上の三点について、この章で論じていくこととする。

（二）予算紛議と井上の辞職

1　七分利付外債の不調

井上が大蔵大輔に就任した時の政府の財政状況は、決して芳しい状態ではなかった。廃藩置県の断行によって政府の収入は増加したが、同時に華士族の家禄が政府の負担となり国家財政を圧迫していたのであることは先述の通りである。[2]

そこで井上は外国から資金を調達して家禄の処分をおこなうことで、この困難を乗り切ろうとした。これは西郷隆盛が大久保に宛てた書簡の中で「……家禄消却の方法相立て、大藏省より申し立て候につき、三千萬丈《だけ》米國より借り入れ候賦に相決《き》め、吉田差し遣わされ申し候」[3]と、記されていることからも明らかである。

なお、この西郷書簡に記されているとおり、七分利付外国公債の募集で得ようとした資金は当初計画では三〇〇〇万円であった。しかし内訳は異なっており「新公債ハ凡一千萬計ハ一時内國公債祿金劵也證書買戻ノ手當トシテ他ノ貳千萬圓ヲ以テ鑛山鐵道等ノ事業ヲ期シ」[4]とあるように、まず二〇〇〇万円は殖産興業費に充てて残りの一〇〇〇万円を禄券買い上げの費用に充てようとした。

まさに、このときの井上は積極財政を推進することで財政危機を乗り切ろうとしたといえる。

やがて明治五年二月、吉田清成を理事官とした募集組は最初に米国におもむくが、岩倉使節団や森有礼の反対、米英における高金利などの様々な問題に遭遇した。さらに外債募集の計画者である井上自身が募集中止を吉田に指示するといったような問題まで発生したのである。[5]

しかし吉田は井上の意思に反して募集続行を主張した。彼は井上の命令を直接伝えるためにロンドンに立ち寄った大久保と伊藤博文を逆に説得して、彼らを通じて井上の募集中止命令を撤回させることに成功したのであった。[6]ただし当初見込んでいた利息で三〇〇〇万円を募集すると財政を圧迫してしまうため、計画は一〇〇〇万円まで縮小された。[7]

この募集計画のつまずきと計画縮小の決定が、その後の井上の財政方針に影響を与え、大蔵省と各省間の政争を惹起し明治六年の予算紛議に発展することとなる。

2 明治五年における政府の財政状況と井上財政の転換

この章では廃藩置県後における政府の収支を具体的にみていきたい。

井上は大蔵大輔に就任してから、ただちに国家予算の把握をおこなわなければならなかったが、以下の史料は明治五年二月一五日に井上が大久保、伊藤に宛てて送った書簡である。[8]

> 歳出入之目算も厚く注意いたし、豫め概計ハ出來いたし候へども、全國一般と相成候事故、何分精確之調査出來兼候。右概算にては大ニ費用收入超過し困却いたし候。(舊藩々五ヶ年平均之歳入を以て較計し、舊府縣之歳入高及雜科之税を合計し、凡五千百九十一萬八千九百四十三兩有餘之歳入と相成、歳費之豫算者、諸省之定額も相增シ候。旁五千三百八十二萬七千三百九十兩有餘不足相立可申見込ニ御座候。)

井上の概算によれば歳出が歳入を上回ることが記されている。歳入がおよそ五一九一万八九四三両に対して歳出が五三八二万七三九〇両となり、一九〇万八三九〇両の赤字が発生すると井上は見込んだのである。

この時点で井上が困惑している様子は記されてはいるが、吉田たちによって資金調達がなされるであろうという目算を立てていたため、歳入不足は補塡できると踏んでいたことが推測される。

ちなみに井上が外債募集を行った目的の一つとして家禄処分が挙げられることはすでに述べた。井上は国外において吉田に資金調達を行わせる一方で、国内においては禄制整理を進めていった。

例えば士族卒族への給与を一代限りとすることなど、旧慣として与えられていた士族らの特権を廃止することを決めたのである。[9] この処置は家禄処分の前段階となっていることは言うまでもない。

なお明治五年四月一八日の段階で、井上は米国での起債が思った以上に難しいことを知らされ、[10] 歳入不足を外債で補塡することが困難なことを知る。

そして明治五年六月になると、以下の書簡に記してある通り井上は財政の深刻さにあらためて気がつかされることになったのである。[11]

……當年米價凡平均三兩一歩位ト見込み候外無手段候。當年歳出凡二千萬圓計リ不足ヲ生シ候見込、殊ノ外苦心ノミ。世間ヨリモ忌憚ヲ蒙リ、實ニ困却ノ次第ニ御座候。尤士族卒祿ハ先着手不仕、華族ハ兼テ決議ノ通リ早々祿制ニ決定仕度心組ニ御座候。且中々此祿制位ニテ不足ヲ償不申、其他ハ凡テ諸省月給迄定額ニ取定、是迄ヨリハ少々宛減少シ其他ハ新札ヲ以テ是間ニ合セ可申ト相考ヘ居候。

この年の米価は平均三両一分となり、約二〇〇〇万円の歳入不足におちいることを井上は危惧している。そして当初より考えていた家禄処分案を縮小し、士族卒族より先に華族の禄から手をつけることにしたのである。さらに見込むことができなくなった歳入分を、各省の予算削減に対応することや、その他は新札の発行で補おうとすることを井上は考えたのであった。

この間、井上は岩倉、森などが家禄処分反対の立場から外債募集について懸念を表明していることを書簡で知らされている。[12] 外債募集の不調や反対に加え、二〇〇〇万円の歳入不足という見込みによって井上による家禄処分案は大きく後退したのである。[13]

そして外債募集とほぼ同時期に各省は来期の予算要求を開始したが[14]、正院での予算調整の様子を渋沢栄一と井上が吉田に宛てて手紙を送っている[15]。

……當年歳入出較計先凡貳千萬不足と申上候へ共、追々實況計算候得は大概千貳三百萬以内ニ可有之と被存候。尤も卽今頻ニ昨辛未十月ゟ壬申九月迄之出納計算ニ取掛居候間、不日概算ハ相分り可申候。然處當申十月ゟ來酉九月歳入出之義、先月巳來正院へも調書差出し、凡歳入四千萬と概算相立候ニ付、是非右之高にて諸官省之要費節略支給いたし、昨年之如く不足不相立候様致度、若又浮夸之論に走り年々入出之較計ニ御勘量無之、歳費供給之命有之抔にてハ最早大藏之事務ハ奉事難仕と切ニ具陳候得共、何分一時減省難仕義も今日之運歩亦不得巳次第に付、凡昨年之經費高ニ聊節減を加へ、諸官省とも月給旅費其外迄都而定額相立、概算四千六百萬餘にて御決定之積正院之内決ニ相成、近々公告可相成と存候。然時ハ差引六百萬餘ハ矢張不足相立候得共、何分にも來酉年丈ハ繰合せ候外有之間敷と存候。

この書簡によれば、どうやら二〇〇〇万円の歳入不足ではなく、一二〇〇～一三〇〇万円の歳入不足で収まるようである。つまり明治五年一〇月の時点で、井上は歳入の総額が約四〇〇〇万円、歳出の総額は五二〇〇万円程度になると考えた。

一方、正院では四六〇〇万円の歳出に抑えることが決定したようである。ここに六〇〇万円の差額がうまれたため、井上は経費削減に努力しなければならなかった。

以上のような理由から、井上は募集計画時にみられた積極財政を放棄し、量入為出を原則とした緊縮財政へと大きく舵を切ったのであった。

3　各省の予算要求

先に述べた通り、正院の歳出額決定を受けて井上は予算削減に傾注することとなった。これにより正院は、各省に井上の意向を反映した定額金の通達をおこなわなければならなかったが、正院はその通達を遅らせていた。

そこで井上は、一〇月一三日、正院に対してすぐに決定を下すよう促し[16]、これをうけて一〇月二〇日、正院は各省に定額金を通達した。通達によると、外務省は「拾五萬八千七百圓」、陸軍省は「八百萬圓」、海軍省は「百八十萬圓」、工部省は「二百九十萬圓」となっている[17]。

文部省、司法省の定額金については、このとき決定することができず、その後の二三日に井上は大隈重信に宛てた手紙の中で、両省の定額について早く決断するように求めている[18]。

では文部省、司法省の定額金の実態はどうであったのか。

まず文部省の場合であるが、政策の一環として明治五年八月二日より学制が公布された。これにともない同年三月、同制度の導入にともなう費用として、大木喬任文部卿が三〇〇万円の予算を正院に申請していた[19]。しかし大蔵省は予算を確保することが困難であることを理由にして反対していた。

以下の書簡は学制公布後も遅々として進まない文部関連定額金の決定と、それに難色を示す大蔵省とをあらわしている[20]。

> 文部省定額之事不得止次第ニ付彌頃日考之通御沙汰相成候様仕度存候大木(文部卿)ニも頻ニ催促致候間明日ニても大蔵省へ御達有之候様仕度候乍併大輔ニも留守中ニ付澁澤(栄一、大蔵省出仕)も容易ニ御請も申間敷哉と存候間足下ゟ澁澤江者程克申諭相成候様頼度存候

この書簡によると、大木が文部予算の決定をしきりに促す一方で、大蔵省がなかなか首を縦に振らない様子が記

されている。この書簡には記されていないが下記の公文書をみる限り三条の考えでは文部省の定額は一〇〇万円減の二〇〇万円で調整し大隈に渋沢を説得するよう依頼をしている。

結局、九月八日になって、正院から文部省に対して「其省定額當壬申十月ヨリ當分ノ内一ヶ年金二百萬圓ト被定候事」[21]と達が出されることで大木も納得し、文部省の定額は二〇〇万円で落ち着くかにみえた。ところが今度は井上が黙っておらず、早速、三条の元に出向いて抗議したようである。[22]

文部定額之義ニ付頃日井上大輔入來有之右定額渡方別紙之通致度無左而者所詮奉命も難仕趣申述候篤與承候處右大輔申立之通ニ而者一ヶ年凡一百萬ニ而頃日御達とハ半高ニ相成候事故大木ニ於而も所詮居合申間敷右之如き次第ニ而者両氏之協議熟談之場ニも至兼候半と存候尤大木ニ於而も決して一ヶ年ニ二百萬ハ相遣候見込ニ無之卽今之施行上ニ差支さへ無之候ハ、明年之處ハ百萬余ニ而も相濟候事と存候得共二百萬圓之御達半高ニ相成候而者居合六ヶ敷と存候於大藏者二百萬圓之義ハ先以奉命致候得者其内ニハ償金一條も弥確答も可有之文部ニ於而も卽今差支無之候ハ、大木之處ハ至極諒解致居候ニ付井上大藏之處異議無之様ニ無之而者又々定額一條も破連可申と配慮仕候……

この書簡によれば、井上が文部省の定額金は一〇〇万円にすべきであることを主張しており、二〇〇万円を主張する大木とは折り合いがつかないだろうと三条はみている。ただし大木の側も二〇〇万円の予算確保は難しいことがわかっており、とりあえず明治六年において一〇〇万円強の予算が確保できれば良いと考えていたようである。実際には大木が一三〇万円で井上との妥協を求めたとされているが、井上はこれにも応じなかったため文部省との交渉は暗礁に乗り上げた。[23]

次に司法省の場合であるが、江藤新平は司法権の独立を目指して全国に裁判所を設置することを企図していた。これにより司法省では「本省竝ニ三府十ニ縣裁判所ニ掛ル費用ハ金九十六万五千七百四十四兩ト六千元ニ相當」[24]るとして、大蔵省に要求をおこなった。

明治五年七月三〇日に定額金の要求をするよう正院から司法省へ達があったが、司法省がいつ頃から定額金の申し立てをしたのかは定かではない[25]。関口氏の研究では「司法省の定額要求はこの裁判所設置を主たる内容とするものであり、それが「十一月一ヶ月の費用」にもとづいて積算されていることからすれば、司法省の「申立」は十月中旬から下旬にかけてなされたものであろう」[26]としており、その時期にも交渉をおこなっていたことが推測できる。しかし学制の公布が八月二日で三月より定額金の申請をおこなっていたとするならば、司法職務定制の公布が八月三日なので、司法省の定額金申請も一〇月以前よりおこなっていた可能性も否定できない。

最後に工部省についても触れておきたい。

同省定額金の場合は、明治五年一月一二日において三三六万円と定められた[27]。しかし年間で七〇万円不足したため、同年二月二八日に増額申請をおこなったが却下された[28]。

そこで工部省は省内で節制に努めることになるが、どうしても四八万九四〇〇円あまりが不足しているので、正院に、再度、評議して欲しい旨を八月三〇日に要請している[29]。

これに対して、九月一九日、正院は「伺之通當申歳定額金不足高凡四拾八萬九千四百圓余ハ御渡相成候」[30]と、工部省の訴えを認めて定額金の下付を決めたようである。

その後、先述の通り正院による定額金の通達が一〇月二〇日におこなわれたが、その日のうちに工部少輔山尾庸三から以下の書類が提出された[31]。

當省定額金之義當壬申十月ヨリ来癸酉九月迄貳百九拾萬圓ニ被相定候段被相達致承知候然處昨辛未十月ヨリ當壬申九月迄之定額三百六拾萬円被相渡候處猶四拾八萬九千両余之不足ト相成先般別段相渡方相願事實不得止次第ハ御洞察之通ニ有之候然處當十月後有之通被相定候而者迚も事業不相運義ハ眼前ニ有之就テハ先般ニ相渡候不足金四十八萬九千両丈ケハ全ク御渡切ニ相成猶壬申十月已後前定額金同様三百六拾萬圓竝ニ入金共被相渡候ハヽ夜白丹誠ヲ潄シ會社等之方法を取設夫〻事業相運候様飽迄盡力可仕自然其儀御再評難相成候ハヽ不肯之私ニ於テ更ニ所分之見込

無之何分御請難致候間速ニ當職務被差免右御定之金額ヲ以テ十分事業相運夫〻功績ヲ奏シ候人物御登庸御委任相成候様右兩條至急御評決御沙汰有之度此段申上候也

山尾は定額金二九〇万円では不足であるということと、前年同様三六〇万円にするよう再評議を求めている。こうして定額金をめぐって大蔵省と諸省、特に文部省、司法省、工部省との折り合いはつかず、対立は深まることになっていった。

4 井上の辞職

以上みたように、諸省の増額要求と歳入見込みとの板挟みとなって大蔵行政に嫌気が差してきたのか、井上は明治五年末から辞職を考えるようになっていた。[32] 実際に井上は、一一月四日、正院における工部省との予算折衝の中で自説を述べたが聞き入れられずに、[33] 五日には出省しなくなった。[34] このときの様子を以下の明治五年一一月一〇日付の大隈宛三条書簡が示している。[35]

……會計之事ニ付大藏大輔（井上馨）とも評議之末同人義引入歸省相願度との事ニ而退職之内意決心之様子就而者頗困難之事情ニ推移澁澤ニも殆退身之場ニ相迫り随而省中ニも彼是物議相生瓦解之體實ニ苦心焦慮此事ニ御坐候山縣、陸奥等奔走盡力罷在候得共何分此度ハ六ケ敷歟と存候右事情ニ付不得止足下歸京之義以傳信申入候事ニ御坐候是非足下歸京迄ハ維持致歸京相成候ハヽ、相談仕度存候間右之情實諒察有之何分ニも至急東歸相待申候……

この書簡によると井上は諸省の対応に苦心し、辞職を考えていたようである。山県有朋、陸奥宗光などが調整に奔走していたが、この問題は容易に片付かずに三条も困っており、大隈に助力を求めていた。

同月二八日になると、今度は「今日より出仕被免候様仕度」[36]と、渋沢が辞表を提出した。そして渋沢は、四日後、大隈に以下のような書簡を送り、大蔵省の窮状を訴えた。[37]

奉啓然者昨日拜話之一條ニ付小子も尚種々考案を盡し且井上之景況をも除尓相察候處到底各省定額論も最前御内決之處尓て御貫無之而ハ縱令大目的之御胸算ハ被爲立候とも小生卽今之維持も六ツケ敷奉存候其邊之情狀ハ當初井上之不平論發起候際小生ハ審ニ大臣公へ具陳仕候次第ニ候間御聽合被下候ハヽ御詳悉可相成奉存候併夫も工部抔之都合も隨分御苦難と奉恐察候間詰り一方を押せハ一方傾け候之勢も無之卽とハ難申右等之御都合と高案之歸する處とを篤と拜承不仕候而ハ小生も四日以後登御引請仕候とも了《（マヽ）》局ニ此紛紜を調理する目途無之哉ニ被存候間先御斷申上候外無御座候其邊之決裁取捨ハ實ニ閣下ニ囑望仕候次第ニ付今朝更ニ出朝前拜謁仕度拜趨仕候得共時刻を違ひ遲參尓て甚遺憾之至ニ候尤も前件之云々ハ終ニ此紛議結了すると否と尓關し將小生之進退尓大繁累有之候間是非拜光具陳仕度仍而ハ御歸邸を可奉待哉又ハ夕方尓も再應可罷出哉御退出之御模樣ニな里何分之御指揮奉祈候頓首

この書簡でも、やはり定額金のことが問題となっているが、正院が先頃決定した定額を守ってくれないと困ると渋沢は述べている。渋沢には今回の紛争を解決する手段はなく、大隈に助けを求めていた。また一一月一〇日付の書簡にもあるように、おそらく三条にも現問題を解決することができず、三条も渋沢も大隈の指導力に期待している節が見受けられる。

結局、渋沢の辞表は受理されず井上のいない大蔵省に残され、定額金問題に立ち向かわなければならなかった。以下の書簡はそれを示す史料となる。[38]

……今日ハ正院ニ於て充分之御沙汰と存之外、條公より御申聞にハいつれ內ゝ獻言之次第も西鄕歸京之上可相運、夫迄之處辭表ハ返却との趣ニ付、餘り憤怒ニ堪兼一切御請難相成と申張候處、亦六日限と相成候、其後大隈へ面會、橋場之約束ハ如何と詰問候得は何か空漠之挨拶にて取留メ無之、併各省定額之義ニ付敢而他ニ異議無之候間、条公之言辭徹底いたし兼候故ニ可有之との事ニ御座候、因而七日ニハ確乎橋場之約之如く、正院にて三職列席之上嚴然として各省定額其外共御口達有之候ハヽ、折角是迄之苦心ニ付奉事可仕、夫も最早是ヨリ强而申上候譯にハ無之候間、又依然たる御有様なれハ夫迄之事にて、小生ハ一と先此紛紜には關し申間敷ニ付能〻御勘考有之度と大隈へ取詰置引取候次第ニ御座候、よもや七日に例之曖昧たる所置ハ有之間敷とハ被存候へとも、何分卽今之姿にてハ實ニいやニ相成候……

正院の調整を西郷に任せるので、西郷帰京まで渋沢の辞職は棚上げとなったこと、渋沢が大隈の元に面会に行って「各省定額其外共御口達有之候」ことを約束してきたことが記されている。まさか一月七日の会議で、正院が曖昧な態度を取るとは思えないが、現在の正院の調整能力ではうまくいくかどうかを渋沢は危ぶんでいる。大隈と渋沢が交わした「橋場之約束」とは、三条、大隈等の正院を構成する各員が省卿たちに提示した定額を固守することだと推測できるが、渋沢が大隈に詰め寄った時「空漠之挨拶にて取留メ無之」状態であったことは渋沢に不安をもたせたに違いない。

結局、七日の会議でこの問題が決着することはなく一二日まで伸びたようで、その時の様子を以下の書簡が示している。[39]

……昨日參殿奉願置候各省定額公達、幷鐵道之義、民費ニ御決定、會社方法大藏省へ御委任之件、及司法裁判所御引戻之件ハ何分今日公書御達下御坐候様奉願候

井上も例之通之切迫家ニ付、もし延引候ハヽ、亦別段之懸念を起し、遂ニ紛紜を増し候而已と存候間、偏ニ御高配奉祈候……

この書簡には「司法裁判所御引戻之件」といった文言がある。司法省の定額に関しては井上たちの主張がとおったことが類推でき、正院が大蔵省に対して軍配をあげたようである。なお文部省定額問題については当該書簡では言及がないため、どうやらこの時点までには文部省とはなんらかの妥協が成立したと推測できる。

実際に明治六年一月一二日、正院から司法省の予算は「五十一万五千七百四十四両ト六千元[40]」を削減して「四拾六万圓[41]」とし、文部省の予算は「百三十万圓[42]」となったのである。なお工部省の予算もあらためて二九〇万円とされた[43]。

一月一四日より井上は出仕を始めており、渋沢は一五日付の大久保、伊藤宛の書簡に「先大藏之病氣ハ平癒之姿ニ候へとも、又他之省へ伝染いたし、同様之苦情相起り可申と矢張關心ハ免れす、到底此姿にてハ如何可有之哉と被存候間、願くハ閣下各位之内御歸朝御調理之處渇望之至ニ候[44]」と、定額問題が他省に飛び火しないかと心配し、大久保と伊藤の帰朝を待ち望みながらも、あたかもこの問題が落ち着いたかのような感想を記している。

しかし今度は司法省が反撃に出た。翌日、江藤と司法大輔福岡孝弟は「當省定額金ノ儀昨夕御達相成今朝致拜見候處右ハ省員一同遂熟議候上ナラテハ御請難申候此段爲念申進置候也[45]」と、いったん態度を保留にした上で、約一〇日後の二二日、この額では「御委任ノ事務難取行候[46]」と、大蔵省に再評議するよう求めた[47]。最後まで調整がつかなかったのか、一月二四日、江藤が「本官拜辭仕度[48]」と辞表を提出することで抗議の意をあらわした。

翌日、三条が「至急之用事出來候間、明朝九字、入來有之度候。今日辭表之趣も有之候得共、要用に付是非入來可有之候[49]」と、江藤に書簡を送っている。これは三条が江藤の司法卿辞任を止めるための会談であったと推測できる。

二月二日になると福岡が「官職拜辞仕度[50]」と辞表を提出し、受理されなかったものの今度は司法省幹部の辞表提出によって、再び抗議の意を示したのである[51]。

これに対して正院は「卿輔申立ノ次第モ御評議相成候[52]」と司法省にも歩み寄り、「司法省定額之事是ハ既定にてハ間ニ合兼候哉之由にて、無據壹萬五千円を先月下旬繰替さし出候、尤正院扱ニ候事所詮尙此儘ニ行過候ハ、本月ハ又大ニ紛紜を可生哉憂慮不少候[53]」と、司法省の予算不足を正院が補塡することで事態の沈静化を図った。

こうして司法省と大蔵省の争いは、一旦、収束に向かう。二月二四日、欧州にいる吉田宛に向けて渋沢は以下のような手紙を記している[54]。

兼而井上大輔より申進候客冬已來當省之困厄も稍々氷解、昨今ハ先々無異之姿ニハ有之候得共、到底卽今之儘にて維持無覺束苦念此事ニ御座候

渋沢のいう「當省之困厄も稍々氷解」したとする見方はうわべだけに過ぎず、むしろ後段で渋沢が示唆しているとおり、「今之儘にて維持無覺束」状態であり、「大ニ紛紜」が起きる可能性は高かった。

これ以後、定額問題は小康状態になるが、大蔵省と他省との紛争の火種はくすぶり続け、四月になると事態が動き出した。

まず人事面においては、明治五年四月一九日、江藤や大木に加えて後藤象二郎の三人が参議に昇格した。予算紛議において渦中の人物であった江藤と大木が正院の構成メンバーとなったことは、井上、渋沢に対して大きな牽制となりえただろう。

次に法制面において、同年五月二日、正院事務章程の改正により正院の権限強化が図られた。特に予算の権限については、正院が「諸官省各局各地方官公費ノ額ヲ定ムル事[55]」と記され、予算編成権が大蔵省ではなく正院にあることが示された。これにより参議となった江藤たちが井上の主張を抑える体制が完備され、予算問題に勝負がついたのである。

井上は、この改正を不満として翌日の五月三日、辞職願を提出するに至り渋沢もまた四日に辞表願を提出した[56]。

（三）準備金

1　準備金の創設

準備金制度は、明治二年一〇月、「政府發行紙幣證券竝公債證書ヲ囘収スル」[57]目的で創設された。その財源は「運上冥加、雜税、不要物品及家屋倉庫ノ賣却價金、舊幕府貸付返納金、賍贖金及ヒ徒場力役金、量出米、舊藩楮幣準備金、舊藩殘金、舊藩貯蓄金、舊藩上納金、運轉諸益金[58]」などの雑収入でまかなわれており、その名称も積立金と呼ばれていた。

明治五年六月、井上は積立金の名称を準備金に改め、全一二条からなる準備金規則を制定した。その際、正院に提出した規則制定の理由は以下のようであった[59]。

創設準備金規則

經國理財ノ實況ニヨリ紙幣證券又ハ公債証書ヲ發行スル際ニ於テハ殊ニ豫備ノ眞貨ヲ貯蓄シ、精確ノ方法ヲ以テ之カ資用ノ制ヲ設ケ、以テ證券ノ兌換及紙幣公債證書等ノ運用ヲ回護スルハ、實ニ大藏ノ要務ニシテ然モ自今至緊至重ノ件トス。故ニ現時金庫中ニ存在スル各種ノ眞貨ヲ常用其外ノ項中ヨリ分取シ、全ク其計算ヲ分チ便宜金銀地金ヲ購入シ、又ハ其他ノ實用ニ供シテ漸ク其額ノ增殖ヲ勉メ以テ此要旨ヲ達セシメンコトヲ謀リ、爰ニ左ノ條件ヲ設立シテ其資用ノ方法計算ノ順序ヲ定メ、以テ常用トノ區別ヲ判スルコト如左。

国家の経済の状態によっては、紙幣や公債を発行する際に金銀を蓄えておく必要があり、その紙幣や公債を庇護するのが大蔵省のつとめである。この資金は市中に出回る貨幣とは区別して蓄えておき、その額を増やしていかなければならないと井上は準備金規則創設の理由を述べている。

また『維新財政談』でも彼は以下のように語っている。[60]

井上候　……それでまだ、此太政官札といふものも、餘程出來にやならぬと云ふ考もあり、紙幣を増發すればする程、玆に正金を積んで置かなければならぬ。……

澁澤男　井上さんの財政策からは、どうしても紙幣論は考へてござつたでせう。其時に現行紙幣制度をどうしたら宜からうかと云ふまでは、お説を伺つた事も無かつたけれども、紙幣は兌換法にせにやいかぬと云ふだけは、餘程強く頭に入れてござつた。だから正貨を積むと云ふ事を常に仰しやられて、私はその時分には、そんなに喧ましく言はんでも宜いと思つた位である。

大蔵大輔であった際の井上は、現行の金札のような不換紙幣を廃し兌換紙幣に切り替えるべきと考えていた。そして、その実現のためには正貨の蓄積をすべきであることを渋沢に主張していたようである。[61]

また創設目的の次に記載されている条文のうち第三条から第六条を見ていくことで、井上の準備金に対する考え方が反映されていることを確認することができる。

第三條　此準備金ハ證券三井組ニ取扱ハセテ發行セル大藏省兌換證券六百八拾萬圓ノモノヲ云フノ兌換ヲ負擔スヘキニ付人民ノ望ニ従ヒ庫中ヨリ出シテ證券ノ引換ヲナスヘシ

但租税其外ノ公納ニ収入スル證券ハ其儘常用ニ繰込ミ別ニ引換ヲ要セサルヘシ

第四條　右兌換セシ證券及現時貯在ノ證券ハ便宜時價ヲ較計シテ金銀地金ノ購入ニ充ツヘシ

第五條　此準備金ハ臨時ノ價格ヲ較計シテ專ラ金銀地金又ハ古金銀又ハ在來通貨ノ類又ハ洋銀類ヲ購入シ或ハ之ヲ精製シテ新貨ニ鑄造シ或ハ之ヲ常用ニ賣却シテ其增殖ヲ勉ムヘシ

但其之ヲ常用ニ充ツルコトアルトモ全ク其時價ニ依リテ之ヲ賣却シ決シテ其計算ヲ混スヘカラス

第六條　此準備金ハ臨時紙幣公債證書等ノ購入ノ爲メ之レヲ資用スルコトアルヘシ

但此資用ハ全ク其增殖ヲ謀ル爲メニテ決シテ其紙幣公債の銷却ト混淆スヘカラス

第三、四条では政府は兌換の準備をしておくこと、第五、六条では準備金の増殖を図ることが記されている。翌年の明治六年一月二五日には、井上は正院に対して準備金制度の確立を訴えて制度確定の裁可を得た。[62]

……願クハ臣等在職中ニ限ラス百歳ノ後永ク此方法ニ從ヒ、年々增殖ノ工夫ヲナシ以テ國運ヲ囘護シ、內國貨幣流通ノ上人民ヲ保安スル基礎トナシ、矢テ平常費用ノ爲耗遺セサランコトヲ乞フ。……速ニ允許ノ命ヲ蒙リ、乍懼上　主上ヲ奉始政府列官在印ノ御達書ヲ下シ賜リ度別冊相添此段相伺候也。

この裁可をもって、準備金制度は井上辞職後も存続していった。井上辞職後に大蔵省事務総裁となった大隈も井上の正貨蓄積の方針を引き継いだ。[63] 大隈は国債頭吉田二郎に宛てて以下のような書簡を送っている。[64]

當省準備金ノ義其寮へ致委任候。依テ計算規則竝傳票規則ハ傳票規則ハ□印刷相渡候條厚遵守可致候。且外國債ノ義モ從前出納寮取扱ノ分引繼可申候條來ル五日兩件トモ同寮ヨリ受取可申、將又準備金出納ノ義ハ出納寮ニテ取扱候筈ニ付、傳票規則ニ隨テ時々右順序必ス相運ヒ候樣可致候。此段相達候也。

準備金に関する事務は、当初、大蔵省出納寮で行われていた。しかし明治六年七月に国債寮を設置し、一二月二日に国債寮職制及事務章程を定めて国債寮が本格的に始動すると、その事務も段階を踏んで国債寮に移管されることとなった。[65]

また大隈は同日に準備金取扱規則を改正して、その枠組みとなる準備金計算規則、準備金伝票規則を新たに制定した。[66]

準備金計算規則によれば準備金は四種類に分類されて、その目的別に管理・運用された。分類の方法は以下のようになる。

第一條

準備金計算ノ法部分シテ四類ト爲ス

第一類　不動固有準備ヲ計算ス

第二類　臨時收入準備ヲ計算ス

第三類　活用運換準備ヲ計算ス

第四類　利益增殖準備ヲ計算ス

以上全數準備金計算ノ法ヲ區別ス

さらに第一類から第四類の区分方法は、以下の第二条、第四条に依るものと考えられる。

第二條

第一類準備ハ壹千萬圓ヲ以テ定額トシ此數ヨリ超過スルコト有テ減少スルヿ有テ減少スルヿナキヲ要ス

第四條

第一類準備金壹千萬圓ノ内六百八拾萬圓ハ兌換證券ヲ交換スルノ準備トス残ル所ノ參百貳拾万圓ハ非常ノ豫備トナス所ノ者ナリ

第一類準備金は一〇〇〇万円を基準として貯蓄しておき、この額を下回らないようにする。本位金貨で備蓄して、その内の六八〇万円は兌換証券の引き当てとし、残りの三二〇万円は予備の資金とした。

第十一條

第二類準備ハ府縣其他ヨリ不要品沽却代價上納ノ分其他正租雜税歳入外ノ者竝ニ明治六年三月第八十一號ニ公布セシ舊藩藩貸付金逐次返納ノ者ヲ以テス

第十二條

第二類準備ニ參入スル上納金ノ内本位金貨ハ之ヲ第一類ニ輸入スヘシ銀貨紙幣竝古金銀洋貨地金ノ類ハ一旦之ヲ第三類ニ在ル金貨ト交易シ更ニ第一類ニ入ルヘシ又舊藩楮幣ハ一旦紙幣寮ニ回シ新紙幣ト交換シ再ヒ第三類ニ送リ金貨ト換ヘ更ニ第一類ニ入ルヘシ皆毎月末ニ於テスヘシ贋造ノ楮幣ハ從前ノ順序ヲ踐ミ紙幣寮ニ送致シ焼棄セシメ此代リ金ヲ要スルコト無カルヘシ

第二類準備金は、主に雑収入を中心とした金銀貨幣や紙幣を回収した資金となっている。回収した資金は本位金貨に換えて、第一類準備金に蓄積していくこととなる。

その際、従来出回っていた藩札は紙幣寮に送って新紙幣と交換することや、贋札が発見された場合は焼却処分にすることが決められた。

第十五條
第三類準備ハ活用運換ノ資本ニ充テ利益増殖ノ基礎タル者トス此活用運換ノ方多端ナリト雖モ現今先ツ之ヲ目スルニ曰ク造幣資本金、曰ク横濱鐵道、曰ク阪神鐵道、曰ク官山八鑛（但馬國銀山佐渡國金銀銅山陸中國銀鉛山二箇所出雲國銅山筑後國石炭山羽後國金山二箇所）曰ク公債證書買收曰ク秩祿賞典米買上曰ク古金銀地金買入等是ナリ……

第三類準備金は、準備金運用のための分類である。すなわち鉄道事業・官営鉱山への投資、公債証書の買い取り、賞典米の買い上げ、古金銀・地金の買い入れなどを行い、準備金を増やすことを目的としている。

第二十三條
第四類準備ハ第三類ニオヰテ造幣其他ノ事業ニ就テ全ク得ル所ノ利益ヲ収入スルノ所トス萬一第三類活用運換ノ際損亡アリ多少資本ヲ耗失スルトキ之ヲ贖フモ亦必此部中ヨリス

第四類準備金は第三類準備金での利益を蓄えて本位金貨と交換し、第一類準備金にその金貨を送ることを目的としている。もし運用の際に損害が出た場合、第四類からその損失分を補填することとした。

このように準備金規則設置の意図は、本位金貨を蓄積することと準備金を運用し、その額を増やすことであった。

2 準備金取扱規則の改正と国債寮（局）における運用規程の形成

準備金取扱規則は、明治憲法が発布された明治二三年二月まで八回にわたり改正がされている。[67]

すでに明治六年の改正については述べたが、「大蔵省国債寮で預金を預かり運用する規定をおく[68]」とした明治九年の改正について、そして「駅逓局貯金（現在の郵便貯金）が大蔵省国債局に預けられて、運用が本格化[69]」した明治一一年の改正についてみていきたい（表6参照）。

明治六年の改正以後、準備金に関する権限は段階を踏むことによって、出納寮から国債寮へと移されていった。[70]

本年七月以降金銀銅地金古金銀公債證書洋銀各種國債寮ニオヒテ、別取扱御決定相成且出納科目夫々御更正ニ付、同月以降準備金取扱規則別紙ノ通リ御改正相成度、此段相伺候也。

明治九年の改正は五月五日にされているが、二ヶ月後の七月から金銀銅、地金、古金銀、公債証書、洋銀の取り扱いは国債寮に任されることとなった。

この改正により準備金取扱規則には、以下のような規程が盛り込まれることとなった。[71]

第十七條

第三類準備金ハ公債證書竝古金銀各銀行紙幣金銀銅地金及ヒ不動産ヲ抵當ニシテ貸付スルコトアルヘシ……

第二十三條

諸公債證書買上代金ハ第三類準備ヨリ貸出シ置キ之ヲ諸公債證書買上代ニ對シ貸金トス　……買入タル諸公債證書ハ一旦國債頭ノ名前ニ切換其儘國債寮ニ預リ保護シ元金竝利子ノ受取方其他證書ニ付處分スヘキ事務ハ一切國債頭ノ負荷トス

第二十八條

國債寮ニオヰテハ金銀地金古金銀部ヲ設ケ……

第三十二條

第二第三類準備金ニ組込計算スルモノ。

舊藩々貸附○宮方貸付金○舊藩々竝人民ノ外債償却ニ付償還スヘキ爲取立金○石高拝借金○京橋以南煉化石家屋建築貸費○運轉貸付金三井組兌換券交換基金○諸向一時貸金○府縣豫備金○高島炭鑛賣拂代金其他將來収支双務ノモノ、……

第三二条において分類されている項目は「預リ金[72]」に区分されているものであり、第一七条の規程によって、この預り金を使い貸付をすることが許されている。このことから明治九年の改正をもって預り金の運用が始まったと考えることができる。

その後、明治一〇年七月の改正により準備金と国債局の位置づけがより鮮明となった。[73]

第六條
各類ノ準備金ヲ收入支出又ハ運轉スルハ國債局ノ擔任タリ…
第十八條
準備金運用ノ爲メ支出ヲナス金額ハ皆國債局へ對シ貸與スルコト、ス……

この改正により国債局が準備金を預かって運用していくことが決定づけられたのである。

3　貯金の国債局への預託開始

明治八年に公布された貯金預リ規則[74]によって貯金[75]は、業務を開始することとなる。貯金設置の理由を前島は以下のように説明されている。[76]

表６　準備金取扱規則の改正

	年月日		備考
	明治05年	06月00日	準備金規則の創設。
1	明治06年	12月02日	準備金計算規則、準備金伝票規則の制定を行い、細則を確定させる。
2	明治08年	05月15日	
3	明治08年	08月08日	
4	明治09年	05月05日	大蔵省国債寮で預金を預かり運用する規定をおく。
5	明治10年	07月11日	
6	明治11年	07月01日	駅逓局貯金が大蔵省国債局に預けられて、運用が本格化する。
7	明治14年	08月05日	
8	明治14年	12月09日	

※「準備金始末」、「財政投融資の沿革（概略）」を元に作成。

細民ヲシテ節倹ノ餘金ヲ蓄積セシムルハ其資産ヲ保シ窮阨ヲ護シ且風俗ヲモ厚スルノ一端ニシテ則政府義務上ノ一部分ト被存候……

前島は国民が貯金をすることの有用性を唱えており、これを助けるのは政府の義務であるとしている。当初は東京為替会社に年利八分で預けられていたが、[77]のちに第一国立銀行へ預託されることとなった。貯金が国債局に預託されるようになったのは明治一一年五月八日のことであり、以下の理由から移行がなされた。[78]

當省驛遞局貯金預リ高ノ儀従來第一國立銀行へ相預ケ來候處逐月預ノ高増加候ニ付爾來ハ先以テ同銀行へ月々相預ケ金高取纏メノ上國債局へ別紙約定書草按ノ手續ヲ以相預ケ候様致シ度大藏卿へ協議ノ上此段相伺候也

従来、第一国立銀行に預金を預けてきたが、貯金の預金高が増加傾向にあったため、国債局に預けることが記されている。「預ケ金高取纏メノ上國債局へ」と記されているので、運用の主体が第一国立銀行から国債局へと移ったと考えるべきであろう。

なお利息は年利六分となり、年に六月、一二月の二回に渡って国債局から駅逓局に支払うことが決められた。[79]

4　明治初期における財政投融資（準備金制度）

①　預リ金（入口）

準備金のうち、預リ金に属する資金は以下のような種類が挙げられる。[80]

驛遞局貯金
保晃金日光東照宮竝ニ（二荒神社修繕資金）
物部神社修繕費備金
海外爲替拂先收金（在外準備金ヲ以テ爲替拂ヲナスタメ決算迄代リ金ヲ預リノ科目ニ入レタルモノ）
地金賣拂代先收金（地金賣却ニ際シ決算迄代リ金ヲ預リノ科目ニ入レタルモノ）
輸出品賣拂代先收金（輸出米穀昆布ヲ賣却ニ際シ決算マテ代リ金ヲ預リノ科目ニ入レタルモノ）

のちの郵便貯金となる駅逓局貯金、神社の修繕費、一時的に預かった外国為替決済金・地金売却金・輸出品売却金がこれに該当した。

預リ金は明治九年五月から準備金に組み込まれて運用がなされていたが、明治一八年五月に大蔵省預金局が設置されると駅逓局貯金を中心とした預リ金は同局に移管された。[81]

この間の駅逓局や諸官庁の部局からの預リ金は約六一〇万円となり、それ以外からの預リ金は約三七〇〇万円となった。[82]

② 貸金（出口）

貸金の制度は明治六年から始まり、その目的および貸出先は以下のような先となった。[83]

各廳營業資本貸（海軍省造船所、陸軍省砲兵工廠、佐渡生野鑛山局、富岡製絲所、等ノ如キ、官廳ニ於テ直接ニ事業ヲ經營セル營業資本ノ類）
諸向一時ノ繰換貸（地租改正費、地券用紙製造費、各廳ノ豫備金、朝鮮事件費等、一時繰換ノ類）
勸業資本貸（公益事業ニ從事スル會社、人民等ヘ一時貸與セシモノ、若シクハ準備金利殖ノ爲メニ貸下タルモノ、類）

海軍の造船所、陸軍の砲兵工廠、鉱山や官営事業などの各庁営業資本に対する貸し付け、地租改正に関わる費用、地券製造費、各省庁の予備金、朝鮮事件に関する費用などに一時的に融通された繰換金、公益事業にたずさわる会社・準備金の増殖を目的とした勧業資本に対する貸し付けなどが貸金の主な貸付先となる。

その貸付総額は各庁営業資本に一四〇〇万円、繰換金に約一億一〇〇〇万円、勧業資本に約五三〇〇万円となっている。

また貸金によって得た利益は総額で約二六〇万円、預リ金によって出た損失は約六〇万円となり、差引約二〇〇万円の黒字となった。[84]

このように明治初年から一〇年代前半にかけて、貯金や先収金が預リ金として駅逓局・各省庁の部局から国債局に預託され、中央官庁の事業や公益事業に貸金として投資される仕組みが作られていた。明治一〇年代前半の国家予算は六〇〇〇万円前後だったことを考えると、現代の旧財投の規模と比べれば小規模ではあったが、その原型をみることができる。

（四）秩禄公債

井上の辞職によって家禄処分は延期となったが、家禄処分そのものが中止となったわけではなかった。国家予算の約三割を占める家禄は、政府の施策を著しく停滞させる要因となり得るからである。

しかし井上財政でもみられた家禄処分は性急すぎるとの批判を受けたため、過渡的な措置として家禄、賞典禄奉還と家禄税の導入が検討された。

大蔵省事務総裁の職にあった大隈は、明治六年一二月二〇日、家禄、賞典禄奉還案を太政官に提出した。[85]

……嚮キニ華士族ノ輩一般農商營業ノ自由ヲ許サレ候ハ抑從前因襲ノ習俗ヲ破リ游手徒食ノ徒ヲシテ各自營業ノ途ニ就シメ獨立ノ本義ヲ盡サシムヘキ高遠至渥ノ御主意ニ可有之……

この上申書は廟議で可決されて二七日の太政官布告四二四号で家禄税の創設[86]が、四二五号[87]、四二六号[88]で家禄、賞典禄の奉還が決まった。後者の奉還制度については以下のようである。

第一條

一家祿賞典祿共百石未滿ノ輩自今奉還出願ノ者ヘ產業爲資本永世祿ハ六ヶ年分終身祿ハ四ヶ年分一時ニ下賜候事

第二條

一前條合算高各府縣當酉年貢納石代相場ヲ以金ニ替凡半數現金半數公債證書ヲ以相渡シ公債證書ノ分ハ年ニ八歩ノ利息年々十一月ニ各地方廳ヨリ相渡可申事

但公債證書ハ五百圓三百圓百圓五十圓二十五圓ノ五種ヲ製造スル故金高ノ都合ニ寄歩割増減モ有之ヘク事

第六條

一年限給ノ分奉還願出候ヘハ是マテ渡濟及残年限等詳細取調管轄廳ヨリ別段大藏省ヘ可伺出事

第一条、二条、六条によれば、家禄、賞典禄の支給額が一〇〇石未満の士族が対象者となり、額面は五〇〇円、三〇〇円、一〇〇円、五〇円、二五円の五種類が製造されることとなった。また賞典禄のうち、永世禄の場合は六年分、終身禄は四年分、年限禄は残りの年数に応じて半数を現金で支給し、残りの半数は公債証書で支給することが決められた。併せて官林荒蕪地拂下規則も制定され、奉還者には官有の田畑、城郭跡地、屋敷跡地、荒蕪地、山林などを代価の半額で払い下げることを決めて奉還を促したのである。

公債証書の細かい取り扱いについては、翌年の明治七年三月二八日に家禄引換公債証書発行条例が公布されることによって示された。

その後、明治七年一一月五日になると一〇〇石以上の禄を持つ者もその対象となり、奉還が認められるようになった[89]。

第壹條

一家祿賞典祿共自今奉還出願ノ者ヘ産業爲資本永世祿ハ六箇年分終身祿ハ四箇年分一時ニ下賜候事

第貳條

一前條合算高各府縣明治六年貢納石代相場ヲ以テ金ニ替ヘ祿高百石未滿ハ凡半高ハ公債證書ヲ以テ相渡シ祿高百石ヨリ以上ハ五拾石ハ現金其餘ハ都テ公債證書ヲ以テ相渡スヘク公債證書ノ分ハ年ニ八歩ノ利息毎年十一月ニ各地方廳ヨリ相渡可申事

一〇〇石以上の者については、それ未満の者とは支給方法が異なる。すなわち五〇石分が現金で支給され、残りはすべて公債證書で支給することとしたのである。

明治九年には禄制の全面廃止、すなわち秩禄処分が行われたが、それにともなって家禄、賞典禄奉還も明治八年七月一四日を以て中止となった。その理由は禄制廃止の過渡的な措置としての奉還制の役割が終了したこともさることながら、奉還制が士族の生活を助ける上であまり効果が上がらなかったことが以下の書類から見て取れる。[90]

> 家禄奉還ノ者へ本禄六ヶ年分一時下賜土地山林等格別低價ヲ以拂下相成候儀ハ……篤ト前途ノ見据モ無之容易ニ着手却テ資本ヲ耗失スル者モ有之哉ト存シ……是迄奉還致候者共多クハ困窮ニ至リ候趣相聞候ニ付……畢竟今日ノ姿ニテハ至仁ノ御趣意モ徹底仕兼可申ト深ク苦慮仕候依之猶又精細實地取調ノ上目的相立可伺出候ニ付家禄奉還願一應御見合相成度別紙御布告相添此段上申仕候也。

給付された公債証書や現金、払い下げられた官有物を奉還者が活用できず、士族授産が思うようにいかないことも奉還制中止の一要因であったようである。

この公債の発行高は一六五六万五八五〇円、現金支給分は一九三二万六八二九円七八銭五厘となり、合わせて三五八九万二六七九円七八銭五厘となった。この現金給付分のおよそ半数に七分利付外債で募集した資金が充てられたのであった。

（五）むすびにかえて

大蔵大輔に就任した当初、井上は財政難であった政府の歳入を外債によって補うといういわば積極財政によって、政府の財政難を解決しようとしていた。

しかし予定していた外債三〇〇〇万円を集めることが困難であることを知り、さらに米価が低落し歳入が落ち込むことを予想するに至ると、その後の井上の財政運営に大きな影響を与えた。

一方、各省は近代化政策の一環として学制公布、裁判所設置、鉄道敷設など次々と新政策を打ち出していったため、歳出を削減したい大蔵省との摩擦は激しくなった。

歳出削減の過程において、その割合は各々の省で大きく異なる。

予算削減の額が比較的少なかったのは、海軍省の予算で二〇〇万円から一八〇万円（一割減）の削減であった。同様に陸軍省予算も一〇〇〇万円から八〇〇万円（二割減）の削減、工部省予算も三六〇万円から二九〇万円（約二割減）の削減となる。

反対に、予算削減が大きかったのは文部省と司法省で、前者は二〇〇万円から一三〇万円（三割五分減）、後者にいたっては九六万円から四六万円（約四割八分減）の大幅な予算削減が行われたのである。

井上による一連の予算削減は、司法卿江藤との対立を決定的なものとし、井上と江藤は抜き差しならぬ関係となっていった。明治六年一月の段階では井上に軍配が上がるが、のちに四月になると江藤が反撃に出て最終的に井上は辞職せざるを得なくなった。井上の辞職により、いわゆる井上財政は終焉を迎え大蔵省の事務は大隈に引き継がれていくこととなった。

また井上が辞職することによって家禄処分は一時中断となった。この中断により一〇〇〇万円の資金の使い道も若干の変更がなされた。元々、士族以下の禄券を買い上げるために使われるはずであったが、秩禄奉還者の産業支援のための資金とされたのである。

秩禄公債と呼ばれるこの公債には約三五〇〇万円の費用がかかった。公債の発行高自体は約一六〇〇万円であったが、旧士族の奉還受け入れを促進するために一九〇〇万円もの一時金を支払ったのである。[91] 一時金の半分以上の資金は七分利付外債で、残額は政府の一般歳入でまかなわれることとなった。[92]

この秩禄公債発行にともなう一時金の費用に充てられるまで、この資金は不換紙幣の価値を担保する準備金に使われた。

つまり七分利付外債は、まず不換紙幣のための準備金、次に秩禄公債発行にともなう一時金という二つの役割を果たしたのであった。

〔注〕

1 前掲『明治財政史 第八巻』、八七六頁には「明治七年四月三日ヨリ十年十月六日ニ至ル三箇年有餘ノ間ニ於テ漸次整理シタルモノニシテ皆之ヲ準備金ニ収入シタリ」とある。

2 前掲『大蔵省史 第一巻』、四四～四五頁に、歳入歳出決算表が載っており、第四期（明治三年十月～四年九月）から第五期（明治四年十月～明治五年十二月）にかけて、諸録及び扶助金の項目を見ると、歳出が三一四万九〇〇〇円から一六〇七万三〇〇〇円に急増していることが見て取れる。

3 明治五年一月一五日付、大久保宛西郷書簡『西郷隆盛全集 第三巻』、二二八～二二九頁。

4 明治五年二月一五日付、大久保、伊藤宛井上、吉田書簡、『明治財政史 第八巻』、一六五頁。

5 七分利付外債における募集過程の詳細については、拙稿「七分利付外債と井上馨」『法学政治学論究』第五八号、二〇〇三年、「七分利付外債における井上馨の方針」『法学研究』第八二巻第二号、二〇〇九年などを参照されたい。

6 詳細については、前掲「七分利付外債と井上馨」、前掲「七分利付外債における井上馨の方針」に譲るが、吉田の主張のみならず、大久保と伊藤からの報告を聞いたことにより、そもそも計画当初の金利での起債が困難であったことを井上は理解したようである。

7 明治五年八月二二日付、大久保、伊藤、吉田宛、井上、大隈書簡、「往復書類」、三一一頁には「所詮此公債を成熟するにハ當初七分利「パー」之見込而已株守候而は、行屆候儀ハ無覺束、さり迚此際中廢候も如何にも體裁を失シ可申、夫是愼思討議之末、正院ニ於て一個之折衷方法を設立いたし、即チ別紙計算書之通取行候積ニ候間、従來之御手續も可有之候哉ニ候得共、更ニ其公債高を減し、改而貳百萬磅即チ一千萬圓を以て集募之目的とし、利子ハ年八分にても又ハ七分にして證書發行を聊低價にして、八分の利子に相當之割合たらしむるも可然御取計有之度……」とあり、当初の予定額三〇〇〇万円の起債を行えば財政の圧迫につながるため、井上は起債総額三〇〇〇万円のうち二〇〇〇万円を諦めて、残りの一〇〇〇万円を募集することとしたのである。

8 明治五年二月一五日付、井上宛大久保、伊藤書簡、『世外井上公傳 第二巻』（原書房）、一九六八年、二九頁。

9 「家禄及扶助米分禄ヲ止ム」『太政類典 第二編』、明治四年～明治一〇年、第三一六巻、理財三六、禄制一。

10 吉田たちが米国において交渉を始めたのが、明治五年三月一六日～一九日であり、そのことが「発行日記」、五八～五九頁に記されている。また、そのときの交渉の様子を記した明治五年三月二三日付、三条、西郷、大隈、板垣、大久保、井上宛吉田、大鳥書簡が日本に届いたのは「発行日記」、九六頁によると四月一八日となる。

11 明治五年六月九日付、吉田宛井上、上野、渋沢書簡、「往復書類」、二九六頁。

12 明治五年四月一六日付、大隈、井上、渋沢、上野宛吉田書簡、「発行日記」、七一～七二頁。

13 ちなみに、明治五年六月一〇日付、木戸宛井上書簡、『世外井上公傳 第一巻』、五二〇～五二一頁には「……會計之窮迫自今懸念至極ニ御座候。併公債利足其他年々借銀等ニ關スル拂方遅延スル様有之候ハバ、政府之信ハ最早地墜再不可救ニ至リ可申候。會計之困難ハ不可言事ニ御座候。御憐察奉頼候。大久保ト伊藤ハ爲改正滞在候而、先醒ハ一先御歸　朝相成候様、呉々モ奉祈候。何分正院ニ威權無之候故、成丈正院へ威權ヲ附シ候之外策無之候……」と記されており、井上はこのときの大蔵省の実情を歎いて木戸に書簡を送っている。

14 ちなみに『太政類典 第二編』、明治四年～一〇年、第二八三巻、理財三、経費予算三には「今般各官省常額金被定候ニ付其省ニ管スル一切ノ費用併ニ官員給禄營繕等ヲ始メ諸雑費ニ至ル迄今十月ヨリ來酉九月マテ一ヶ年間定銀見積相立可申出事」と、七月二九日に正院から外務省に達が届いている。よって外務省の場合、この辺りから予算申請のための準備が始まったと推測されるが、各省によって予算申請は区々のようである。

15 明治五年一〇月二二日付、吉田宛渋沢、井上書簡、「往復書類」、三二九頁。

16 「諸省定額金伺」『公文録』、明治五年、第三二巻、壬申十月、大蔵省伺二によれば「各省定額金ノ儀ニ付過頃伺置候處未タ御決定無之候然ルニ當節文部工部陸軍其他各省ヨリ右定額金渡方ノ儀都度々々申越渡方不致テハ於各省モ目今ノ費用ニ差支不都合不少候就テハ右伺置候定額金ノ儀迅速御評決御下知相成候様致度此段更ニ相伺候也」とあり、大蔵省が正院に対して早く評決を下すよう依頼をしている。

17 前掲「諸省定額金伺」『公文録』、第三二巻、壬申十月大蔵省伺二。

18 明治五年一〇月二三日付、大隈宛井上書簡、『大隈重信関係文書 第一』、五二七頁には「……御出立前文部、司法之定額并スタンプ税ノ一件 此件尤至急御決定被下度候 華族禄制ニ銕道會社一件等者是非とも御決定不被下候而者誠ニ以差支リ候間御多繁中申上候も恐縮候得共幾重も御願申上候」とある。

19 「文部省定額金三百萬圓ヲ請フノ書」『大隈重信関係文書』（早稲田大学所蔵）、A一四七四には、明治五年三月の書類において「……全国一般教育ニ関候費用……」とある。

20 明治五年八月一四日付大隈宛三条書簡、『大隈重信関係文書 第一』、五〇一頁。

21 「定額金二百万円被定御達」『公文録』明治五年、第四九巻、壬申八～九月、文部省伺。

22 明治五年九月一三日付、大隈宛三条書簡、『大隈重信関係文書 第一』、五一四～五一五頁。

23 前掲『世外井上公傳 第一巻』、五三五頁。

24 「司法省定額金ニ付御達」『公文録』、第一五七巻、明治六年二月、司法省伺。

25 「司法省・自壬申十月至癸酉九月・経費金」『太政類典 第二編』、明治四年～一〇年、二九八巻、理財一八、官省院使経費金五には、明治五年七月三〇日付で正院から司法省への達により「今般各官省常額金被定候ニ付其省ニ管スル一切ノ費用并ニ官員給禄營繕等ヲ始メ諸経費ニ至ル迄今十月ヨリ來酉九月マテ壹ヶ年間限見積相立可申出事」と予算申請を促す書類が残されている。

26 前掲関口論文、一五頁。

27 「工部省明治五年定額金ヲ定ム」『太政類典 第二編』、明治四年～明治一〇年・第二九七巻・理財一七・官省院使経費金四。

28 「定額金不足ノ儀ニ付伺」『公文録』、第五八巻、壬申七月～九月、工部省伺。

29 前掲「定額金不足ノ儀ニ付伺」『公文録』。

30 前掲「定額金不足ノ儀ニ付伺」『公文録』。

31 「工部省定額金增額ニ關スル申請書」『大隈重信関係文書』、A一四七五。

32 前掲『世外井上公傳 第一巻』、五二二頁。

33　明治六年一月一五日付、大久保、伊藤宛渋沢書簡、『澁澤榮一傳記資料 別巻三書簡一』、二一八～二一九頁。
34　明治六年一月五日付、井上書簡（おそらく吉田宛だと思われる）、「往復書類」、三四〇頁には「過日も粗申上様大藏之困難ニ付、又生も十一月五日ゟ引籠同廿八日ニ至り澁澤も引入候而、正院も餘程困却せり」とある。他にも、明治六年二月九日付、吉田宛伊藤書簡、『吉田清成関係文書 二』、六六頁には、このときの紛糾の様子を伊藤が吉田に対して「……此節大藏省にて色々議論紛紜相起り、諸省定格〔ママ〕増又は工部省鐵道建築之爲、同省國債書發行する抔之論にて、〔響〕井上も頗不平、十日餘りも引籠り出勤不仕趣、……」と書き記している。
35　明治五年一一月一〇日付、大隈宛三条書簡、『大隈重信関係文書 第二』、五三〇～五三一頁。
36　『澁澤榮一傳記資料 第三巻』（竜門社）、六二九頁。
37　明治五年一二月二日付、大隈宛渋沢書簡、『大隈重信関係文書 第二』、五三一～五三二頁。
38　明治六年一月四日付、陸奥宛渋沢書簡、『澁澤榮一傳記資料 別巻四書簡二』、四一八頁。
39　明治六年一月一二日付、大隈宛渋沢書簡、『澁澤榮一傳記資料 別巻三書簡一』、二二八頁。
40　前掲「司法省定額金ニ付御達」『公文録』。
41　前掲「司法省定額金ニ付御達」『公文録』。
42　「文部省・自六年一月至同年十二月・常額」『太政類典 第二編』、明治四年～明治一〇年・第二九七巻・理財一七・官省院使経費金四。
43　「定額金ニ付山尾工部大輔申立」『公文録』、第六八巻、明治六年一月～四月、工部省伺によると、一月一四日に山尾が「御達ノ常額金ニテ奉努相成候様一々開示指導被成下度……何等ノ事業ハ施行シ何等ノ事業ハ取止候トノ御見込ニ有之候哉右處分ノ定限等委細相伺候」と、二九〇万円という予算の範囲内でどの事業をおこない、どの事業をやめるのか正院に伺をたてていることから、山尾に不満があったとしても定額金の範囲内で工部行政をおこなおうとしている様子がうかがい知れる。
44　明治六年一月一二日付、大久保、伊藤宛渋沢書簡、『澁澤榮一傳記資料 別巻三書簡一』、二一九頁。
45　前掲「司法省定額金ニ付御達」『公文録』。
46　前掲「司法省定額金ニ付御達」『公文録』。
47　前掲「司法省定額金ニ付御達」『公文録』によれば、明治六年一月二四日付では「定額金ノ儀御決議ノ節マテハ従前ノ通リ日用金額大藏省ヨリ渡シ方相成候様同省へ御達シ有之度」と記されており、また二五日付では「既ニ目今差支候儀ニ付至急大藏省ヘノ御達振承知イタシ度猶又御問合旁此段申進候也」と、司法行政は司法省主導でおこなうという意思表示を同省がしているように見受けられる。
48　前掲「司法省定額金ニ付御達」『公文録』。
49　『江藤南白 下巻』（原書房）、一九六八年、一八頁。
50　前掲「司法省定額金ニ付御達」『公文録』。
51　前掲「司法省定額金ニ付御達」『公文録』には「辭表之趣不被及御沙汰候事」とある。またこちらも受理されなかったが、丹羽司法少丞、渡邉司法少丞、鳥居司法大丞、楠田司法大丞からも二月二日付で辞表が提出されている。

52 前掲「司法省定額金ニ付御達」『公文録』。
53 明治六年二月（日にち不明）、井上宛渋沢書簡、『澁澤榮一傳記資料 別巻三書簡二』、一一七頁。
54 明治六年二月二四日付、吉田宛渋沢書簡、「往復書類」、三五六頁。
55 「太政官職制竝正院事務章程」『法令全書』、明治六年五月二日、太政官達（番外幷無號）、七六九頁。
56 前掲『世外井上公傳 第一巻』、五六三頁。
57 「準備金始末」『明治前期財政經濟史料集成 第十一巻』（改造社）、一九三五年、三頁。
58 『明治財政史 第九巻』（明治財政史発行所）、一九二七年、三四三頁。
59 前掲「準備金始末」、五二頁。
60 前掲『世外公事歴維新財政談』、三三六～三三九頁。
61 前掲「準備金始末」、五二頁。
62 前掲「準備金始末」、五四頁。
63 前掲『世外公事歴維新財政談』、三三八～三三九頁には「正貨準備を置くと云ふのは井上さんの政策だ。大隈さんが所謂井上説であった」とある。
64 明治六年一二月二日付、吉田二郎宛大隈書簡、「準備金始末」、五四頁。
65 「出納寮所管ノ準備金及ヒ外國債事務ヲ國債寮ニ屬ス」『法規分類大全 官職門第一一』（内閣記録局）、一八九一年、一〇二頁。
66 「國債寮準備金計算規則幷傳票規則」『太政類典 第二編』。
67 前掲「準備金始末」、四頁を元に作成。
68 「財政投融資の沿革（概略）」『財政投融資レポート２００９』（財務省ホームページ）。
69 前掲「財政投融資の沿革（概略）」
70 前掲「準備金始末」、六一頁。
71 前掲「準備金始末」、六三頁。
72 前掲「財政投融資の沿革（概略）」に記されている「預金」は、前掲『明治財政史』第九巻、五三四頁以降に叙述されている「預リ金」のことと推測される。よって、以後は「預金」を「預リ金」と表記する。
73 前掲「準備金始末」、六六頁、六八～六九頁。
74 「明治九年郵便規則罰則及貯金預規則」『法令全書』、太政官布告第一九七号。
75 『郵便貯金資金運用の概説』（郵貯資金研究協会）、二〇〇四年、「これまでの郵便貯金資金運用の仕組みと概要」二頁によれば、郵便貯金は発足当時の明治八年には貯金という名称であった。その後、明治一三年に駅逓局貯金に改称、明治二〇年には現在の名称である郵便貯金と呼ばれるようになったとある。
76 明治七年八月三一日付、「驛遞寮人民ノ貯金預リ規則ヲ施行ス」「貯金預規則施行・二条」『太政類典 第二編』（国立公文書館所蔵）。
77 前掲明治七年八月三一日付、「驛遞寮人民ノ貯金預リ規則ヲ施行ス」には、「東京爲換會社へ預ケ置キ一ヶ年八分ノ利息ヲ拂シムヘシ」とある。

78 明治一一年五月八日付、「驛遞局貯金預リ高ヲ國債局へ寄托ス」『太政類典』第二編。
79 前掲明治一一年五月八日付、「驛遞局貯金預リ高ヲ國債局へ寄托ス」に記されている「國債局ヨリ其貯金預リ高ヲ國債局へ相預タル儀ニ付約定書」の第三条、第五条にはそれぞれ「右の預金額ハ一カ年ニ付元金百分ノ六ノ割合ヲ以テ利子ヲ生スヘキ事」、「利子精算ノ期限ハ毎歳六月三十日及十二月三十一日ヲ期限トシ計算ヲ爲シ六月十二月兩度ニ國債局ヨリ驛遞局へ利子ヲ相渡シ」とある。
80 前掲『明治財政史 第九巻』、五三四頁。
81 前掲『明治財政史 第九巻』、五四三頁。
82 前掲「準備金始末」、二九頁。
83 前掲「準備金始末」、二七頁。
84 前掲「準備金始末」、二九頁。
85 前掲『明治財政史 第九巻』、七七頁。
86 「華士族祿税則」『法令全書』、明治六年一二月二七日、太政官布告第四二四号。
87 「華士族卒家祿賞典祿百石未滿ノ者ニ限リ奉還ヲ許ス」『法令全書』、明治六年一二月二七日、太政官布告第四二五号。
88 「家祿奉還ノ者へ資金被下方規則」『法令全書』、明治六年一二月二七日、太政官布告第四二六号。
89 「士族以下百石以上ノ者家祿賞典祿奉還ヲ許ス」『法令全書』、明治八年七月一四日、太政官布告第一一八号。
90 「家祿賞典祿奉還當分差止附各県ノ稟議」『太政類典 第二編』。
91 前掲『明治財政史 第八巻』、四二九頁。
92 前掲『大蔵省史 第一巻』、一二〇頁。

第六章

帝国憲法体制下における明治期外債募集

明治三二年六月〜明治四三年五月

（一）はじめに

本稿冒頭で述べたように、明治期において外債募集は合計一一回行われたが、そのうち一回目と二回目は明治初年に行われている。一回目は明治三年の九分利付外債、二回目は明治六年に実施された七分利付外債のことであるが、この募集以降、約二六年の長期にわたって外債は募集されることはなかった。

やがて明治三二年に日本国において三回目となる外債募集が行われることとなった。この第一回四分利付英貨公債と呼ばれる外債はなぜ募集されたのか。以前に募集された二回の外債との性質の違い、日清戦争後の政治情勢を鑑みながら、その理由について論じる必要があると考える。

さらに、このあと明治三七年に二回、三八年に三回と、わずか二年間に五回も立て続けに外債募集が行われることとなる。背景には日本国と露国の間で戦争が開始されたことが関係しているが、国家存亡の危機に対してどのようにして戦費を調達していったのか。戦費調達の中心的役割を担った高橋是清の動向を見ていくことで明らかになるため、その一部始終について論じる必要があると考える。

また日露戦争後の日本国においても外債は募集され続けており、大正期に入るまで三回行われている。こちらの背景には戦中における外債発行と密接な関係があると推測できるが、その募集の経過についても論じる必要があると考える。

以上のことについて、起債の結果も合わせて明らかにしていくこととする。

(二) 四分利付英貨公債

明治二八年四月一七日、日清戦争での勝利の結果、日本国は清国との間に下関条約を結ぶこととなったが、第二条、第四条は以下の通りであった。[1]

第二條

清國ハ左記ノ土地ノ主権竝ニ該地方ニ在ル城壘兵器製造所及官有物ヲ永遠日本國ニ割與ス

一左ノ經界内ニ在ル奉天省南部ノ地

鴨綠江口ヨリ該江ヲ溯リ安平河口ニ至リ該河口ヨリ鳳凰城海城營口ニ亘リ遼河口ニ至ル折線以南ノ地併セテ前記ノ各城市ヲ包含ス而シテ遼河ヲ以テ界トスル處ハ該河ノ中央ヲ以テ經界トスルコトト知ルヘシ

遼東灣東岸及黄海北岸ニ在テ奉天省ニ屬スル諸嶋嶼

二臺灣全嶋及其ノ附屬諸嶋嶼

第四條

清國ハ軍費賠償金トシテ庫平銀二億両ヲ日本國へ支拂フヘキコトヲ約ス

この条約によって、日本国は当時の国家予算の三倍以上となる二億両（約三億円）の賠償金を得たほか、遼東半島、台湾といった地域を獲得することに成功したのであった。

しかし、この条約に異議を唱えたのが、不凍港を得るべく東アジアへの進出を目論む露国であった。露国は仏国と独国との連名で、遼東半島を清国へ返還するよう日本国に圧力をかけたのである。[2]

この三国干渉に対して、日本国はその圧力をはね返すだけの国力を持っておらず、やむなく遼東半島を清国に返還した。[3] しかし明治三一年三月二七日になると、今度は露国が清国と二五年にわたって同半島を租借する条約を結び、[4] 日本国に代わって清国に勢力を伸ばしていった。

このような国際情勢によって、日本国はより一層の軍備拡張を余儀なくされていた。賠償金の約八割が軍事目的の資金として使われたことも、この状況を物語っている。その一方で、国内では戦後不況が訪れており日本国の財政状況は悪化していた。三一年当時の内閣は伊藤が率いており、大蔵大臣には井上が起用されて財政再建にあたることとなったため、五月一〇日、井上は閣議に意見書を提出した。[5]

一、歳計上ノ方針

明治三十一年度ノ歳計ハ、過日提出ノ如ク償金部ヨリ一時借入金ヲ以テ歳入ノ不足ヲ彌縫スト雖ドモ、是レ決シテ財政ノ基礎ヲ鞏固ナラシムルノ途ニアラズ。今三十二年度以降ノ歳計ヲ査スルニ、臺灣經費・航海奬勵費・物價騰貴・監獄費國庫支辨、幷ニ公債銷却、其他各種ノ事業費ヲ見込トキハ、別紙計算第一號ノ通一ヶ年四千餘萬圓ノ歳入不足ヲ生ズルモ、力メテ節減ヲ加ヘ、凡参千萬圓ハ到底增税ニ依ルノ外、他ニ支辨ノ途ナキモノトス。

明治三一年度予算は借入金によって歳入不足を補うことができたが、三二年度予算は諸費用がかさみ四〇〇〇万円の歳入不足が生じると井上は見積もっている。また政府が経費節減に努めても三〇〇〇万円は必要となるため、その分は増税に頼る以外に方法はないことを述べているのである。

さらに、この意見書では事業公債及び北海道鉄道公債、鉄道公債のことにも触れている。

事業公債とは明治二九年三月二九日に定められた公債のことで、目的は「既設官線鐵道改良、北海道鐵道建設、製鋼事業、電話擴張ノ費途葉煙草專賣資金及國防事業ノ費用」[6] に充当するためであり、その目標発行額は一億三五〇〇万円であった。[7] 北海道鉄道公債とは事業公債の追加費用分を募集するため作られた公債のことである。

そもそも事業公債の目的の内に「北海道鐵道敷設」は入っていたが、その後、更なる鉄道整備をするべく北海道鉄道敷設法が制定された。[8]この法律の中で「北海道鐵道事業ニ要スル費用ハ公債ヲ募集」すること、目標発行額は三三〇〇万円とすることが定められた。

結果、両公債を合わせた目標発行額は一億六八〇〇万円となり、鉄道公債の目標発行額六〇〇〇万円[9]と合わせると合計二億二八〇〇万円となった。

この両公債は、それぞれ明治三〇年三月二九日、三一年三月二九日に発行されたが、先述の事情により合計四二〇〇万円程度しか買い手はいなかった。[10]また鉄道公債の募集も三一年三月二九日までに集まった額は一七〇〇万円のみで、これらすべてを合計しても五九〇〇万円にしかならず、目標総発行額を一億六九〇〇万円も割り込む事態となった。その対策について井上は以下のような結論を下したのである。[11]

一、公債募集ノ方針

公債募集ハ内地市場ニ於テハ當分見込ナキヲ以テ、一時償金ヲ以テ繰替置キ、他日時機ヲ見テ、事業鐵道公債條例ノ範圍内ニ於テ募集未濟額壹億六千三百餘萬圓（外ニ今回製鐵所創立費増加ノ分六百餘萬圓）内外ノ市場ニ於テ募集セントス。尤外國ニ於テノ募集ハ、内外市場ノ狀況ヲ比較シ、好時機ヲ測リ、先ヅ第一著ニ兩三ヶ年ニ別チ、十月以降實際著手スルノ見込ヲ以テ內調査ニ取掛ラントス。

井上は国内での公債募集は現在困難であるため、日清戦争で得た賠償金で繰り替えて急場をしのぎ、そのうち国内外での市場の様子を窺って、各公債の未募集額[12]を起債することが望ましいと判断したようである。そのうち外債については時機をよく見計らった上で、今年の一〇月以降に調査を始めることが望ましいと考えているようであった。

しかし既に井上は外債募集に向けて、大蔵大臣となった一月から下準備を進めていた。同月、海外にある横浜正金銀行の支店視察、金融事項の取り調べのため、出張することになっていた横浜正金銀行副頭取高橋是清を密かに呼んで、欧米の市場調査を依頼したのである。[13] 高橋は各国を回りながら、五月、英国において外債募集の可能性について探りを入れ、井上に報告している。[14] 結局、第三次伊藤内閣が民党と地租増徴をめぐって対立し、六月三〇日を以て総辞職を余儀なくされたため井上も大蔵大臣を辞任し、彼の下での外債募集は行われることはなかった。

この募集計画が具体的に進行することになったのは第二次山県内閣の時であった。大蔵大臣松方から閣議にかけるべく提出された明治三二年一月二三日付の書類によってその様子をうかがい知ることができる。[15]

明治三十一年度初ニ於ケル事業及鐵道公債ノ未募集額ハ壹億七千拾六萬圓ニシテ其内七千九百参拾九萬餘圓ハ三十一年度ニ於テ募集スルノ豫定ナリシモ昨年五月ニ於テ清國ヨリ領收スルコト、ナリシヲ以テ本年度ハ公債募集豫定額ノ内七千六拾五萬餘圓ハ之ヲ三十二年度へ繰延フルコト、爲セシカ故ニ三十二年度ニ於テハ其豫定額貳千九拾六萬餘圓ニ右ノ八百六拾餘萬圓ヲ加へ合計貳千九百六拾餘萬圓ノ公債ヲ募集スヘキ豫定トナレリ……故ニ本年度ニ於テ公債募集金ニ繰替ヘタル七千六拾五萬餘圓ハ来年度ニ於テ之ヲ償金部へ返償スルノ必要アリ……故ニ之カ爲メニモ亦三十二年度ニ於テハ七千六拾五萬餘圓ノ公債ヲ募集セサルヲ得ス故ニ三十二年度ニ於テハ最初ニ述ヘタル豫定額貳千九百六拾餘萬圓及六拾五萬餘圓合計壹億貳拾餘萬圓ノ公債ヲ募集スルノ必要アリ然ルニ我金融市場ノ情況ハ来年度ニ於テモ尚ホ到底斯ノ如キ巨額ノ公債ヲ募集スルコトヲ許サザルカ故ニ止ヲ得ス外國ニ於テ之ヲ募集スルノ外ナカルヘシ

明治三一年度の初頭において、先述の三公債の未募集額は一億七〇一六万円であったが、そのうち七九三九万円をこの年度で募集することにした。井上の方針の通り、五月に得た賠償金の一部を利用して七〇六五万円の繰り替えを行ったようである。三二年度は前年度の残額と合わせて二九六〇万円の公債募集をしなくてはならないが、来年度には繰り替え分を返却しなければならないため、結局、今年度は一億〇〇二五万円の募集をしなければやって

いけないことになる。

松方が初めて大蔵卿に就任したのは明治一四年一〇月二一日であるが、彼は外債に頼ることのない財政運営を行うという基本姿勢を貫いてきた。[16]その理由は彼の基本姿勢もさることながら、明治一二年八月一〇日に行われた明治天皇と前米国大統領のユリシーズ・グラントの会談もあってのことであろう。[17]この会談でグラントは外債を募ることの危険性を天皇に説いており、明治初年から既に議論されてきた外資導入を契機とした欧米列強による諸国の植民地化について、改めて認識させられたのである。[18]

また日清戦争終結後、内大臣兼侍従長の徳大寺実則より松方へ書簡が送られて、改めて外債に頼ることのない財政運営を行うように釘を刺されている。[19]

閣下大蔵大臣御拝任之節、特ニ御沙汰有之候得共、猶亦、可申入御内命有之候儀ハ、戰爭之結果トシテ、陸海軍擴張論モ起ルヘク、又占領地ノ費途モ可有之ニ付、巨多之金額ヲ請求アルトモ、大藏ノ基礎ヲ確定セラレ、外國債ヲ不起、內國債ニテ辨償相成候儀、肝要と被　思召候、尤、外債ヲ起ス之弊害ハ、先年ダランド將軍意見言上モ有之、國家之不利益、不待論も、此邊深く御注意相成候樣、御沙汰御座候、閣下ゟモ、御奏上被成候如ク、伊太利國ノ如キ財政困難ニ陥候而は、不容易儀ニ付、國用ヲ節シ、外債ヲ不起樣、精々御盡力可被成旨、御沙汰ニ付、此段、及拜啓候

ちなみに明治三一年一月一二日に井上が大蔵大臣となるまでは、歴代の大蔵卿、大蔵大臣に就任したのは松方以外には渡辺国武のみとなり、彼もまた外債に対して消極的な姿勢を取った。[20]

このように外債に否定的な二人が大蔵大臣を務めることによって、二〇年間弱の期間、外債募集に頼らない財政運営が行われてきたが、このときの松方はもはや国内市場において資金を調達することは困難であると判断し、やむなく外債に頼ることを決断したようであった。

こうして松方は英国駐在の特命全権公使加藤高明に起債の準備を命じた。加藤は英国の銀行団と交渉を始め、概ね条件が折り合ったことを松方に報告した。[21] これにより松方は議会審議を経るべく法整備を始めたが、この起債の主な発行条件は以下の通りとなった。[22]

第一條　帝國四分利付英貨公債千萬磅ノ募集ハ横濱正金銀行「パース」銀行香港上海銀行及「チヤータード」銀行ノ組織スル「シンヂケート」ヲシテ之ヲ引受ケシム

第三條　此ノ公債ノ利率ハ一箇年百分ノ四トス

第四條　此ノ公債ノ元金ハ明治三十二年一月一日ヨリ起算シ十箇年間据置キタル後四十五箇年間ニ抽籤法ニ依リ便宜之ヲ償還スヘシ

発行額は一〇〇〇万ポンド、金利は四分、償還年限は五五年と定められたのである。

そして六月一日、加藤に代わって駐英臨時代理公使松井慶四郎が英国の銀行団と正式に契約を交わした。[23] あわせて発行価格についても話し合われ、一〇〇ポンドに付き九〇ポンドとすることとなった。市場に於けるこの公債の評価は最悪で、わずか九八万ポンドの募集にとどまった。しかし残額は銀行団が全て引き受ける契約となっていたため、一〇〇〇万ポンドの確保に成功したのであった。[24]

（三）日露戦争にまつわる外債募集

1　第一回六分利付英貨公債

以前より進めていた露国の南下政策に対して日本国は重大な懸念を抱いていた。いずれ満州、朝鮮半島が同国の影響下に収まる可能性があったためである。明治三六年七月二八日より満韓問題を解決すべく日露間で交渉が始まった。[25]しかし露国は日本国の権益を認めようとしなかったため、明治三七年二月四日、御前会議にて露国との国交断絶が決まり、いよいよ日露開戦の緊張が高まった。

これに先立って、戦時財政は井上、松方がその責任者となって評議を開いたが、戦費のおおよその見積もりは以下の通りであった。[26]

明治二十七八年の日清戦争の時には、軍事総額の約三分の一が海外に流出しているので、今回もそれを標準として正貨の所要額を算定した。即ち軍事総額をおよそ四億五千万円と見て、その三分の一、一億五千万円をもって海外支払いに必要なるものと仮定すれば、目下日本銀行所有の正貨余力が約五千二百万円ほどであるからまずこれをもって海外支払いに充つるとしても、なお一億円の不足が生ずる。そうしてこの不足はどうしても外債に依るほか途がない。よって年内に一億円だけは絶対に外債の募集を必要とする。もっとも戦時の募債であるから、担保は要求せらるることも覚悟せねばならぬ。それでまだ世間には公にいい兼ねるが、海関税の収入をもって抵当に充てることにすでに御裁可も得てある。ついてはその心得をもって速かに出発し、年内に一度で出来なければ、二度にても差支えないから、一億円だけは是非募債するよう努力せられたい。

まず当時の日本は正貨不足に悩まされていたが、時の首脳部は約一億円の正貨不足を外債募集によって賄おうと考えたのであった。

次に募集官の人選が問題となった。井上は横浜正金銀行頭取園田孝吉、松方は日銀副総裁であった高橋を推薦したが、大蔵大臣の曾禰荒助、日銀総裁松尾臣善は国内業務に支障が出ることを理由に井上案を支持した。[27] この結果を受けて井上は園田に募集官就任の打診を行ったが、園田本人が健康を理由に辞退したため人選は暗礁に乗り上げた。[28]

やがて二月八日に仁川で日露両軍が交戦し日露戦争が始まると、曾禰と松尾は自説を曲げて松方案を支持した。[29] これにより、一二日の夜、井上は高橋を呼ぶと募集官任命の内定を告げ、[30] 一八日には閣議に外債募集案が提出された。[31]

今般露國ト開戰相成タルニ付テハ外債募集ノ義ハ戰特財政經畫上諸般ノ運用ノ爲メ最モ必要ナルハ申スマテモ無之、然ルニ交戰中ニ於ケル外債ノ募集ハ元來頗ル難事ナルヲ以テ其時機方法等殊ニ深ク注意ヲ加ヘサルヘカラス依テ左記ノ諸件ニ付豫メ閣議ヲ定ムルヲ要ス

一　公債募集額ハ英貨壹千萬磅以內トスル事

一　公債募集ハ倫敦市場ニ於テスル事

一　公債募集ニ關スル交涉ノ便利ノ爲相當ノ權限ヲ委任シテ日本銀行副總裁高橋是淸ヲ海外ニ派遣シ追テ公債募集ニ關シ帝國代表權限ヲ委任セラルヘキ駐在帝國公使ノ監督ノ下ニ其事務ニ當ラシムル事

一　公債ノ利子ハ一ヶ年五分以下トシ其他募集上必要ノ條件ハ一般ノ情勢、市場ノ狀況ニ依リテ之ヲ定ムル事

一　新ニ公債ヲ發行セス既發行ノ帝國五分利付公債ヲ裏書ノ方法ニヨリ賣却スルヲ便ナリトスルトキハ從前裏書ノ方法ニ依リ壹億圓以內ヲ賣却スル事

この閣議書によれば、公債募集額は一〇〇〇万ポンド以内とすること、ロンドンで起債を行うこと、高橋に公債募集を行わせること、金利は五分以下とすること、既に発行済みの五分利付公債を売却することが良いと判断するならば売却することなどが決められた。こうして高橋は二四日に横浜から米国経由で英国に向けて出発していった。[32]

高橋は米国に着くとニューヨークに赴き、一応、起債交渉を試みてはみたが、[33]当時の米国は資本を海外に向ける余裕がなかった。結局、高橋はわずか四、五日の滞在のみで、すぐに本命の英国に向かうこととなった。

高橋は英国に着くとパース銀行、香港上海銀行、チアタ一銀行、ユニオン銀行などの銀行家たちと起債交渉を開始し、四月一〇日にその目処をつけることができた。[34]しかし彼らが出した条件は、日本国の希望する条件と合致していなかった。銀行側は金利を六分とすること、公債の最高発行額は三〇〇〇万ポンドにすることなどを要求したため、[35]高橋は日本国に電報を打ち英国側の条件を伝えた。

これに対して曾禰は金利を六分にすることは認めたものの、発行額は五〇〇〇万ポンドに引き上げるよう高橋に訓令を送った。[36]この訓令を受けた高橋は日本国政府の要求を銀行側に呑ませることに成功したが、当初の目標である一〇〇〇万ポンドの起債を行うことはできなかった。

高橋と英国銀行側の取り決めがまとまったのが四月二三～二四日となるが、その知らせを聞いた友人のアーサー・ヒル[37]が高橋をパーティーに招待した。[38]その際、高橋と同じくヒルに招かれていた人物の中にクーンローブ商会代表のジェイコブ・シフがいたのである。

この席でシフは高橋に日本国の景況を事細かに訪ねたという。高橋もまた起債条件の不一致についてシフに説明すると、翌日、彼は残額の五〇〇万ポンドをクーンローブ商会で引き受けても良いと高橋に伝えてきたのであった。

早速、高橋は日本国にこの件を伝えると、五月六日付で高橋に米国においても起債を行う権限を付与する電報が届いた。[39]この電報によれば本公債の主な発行条件は以下のようである。[40]

第一條　明治三十七年法律第一號ニ依リ英國倫敦及北米合衆國紐育ニ於テ英貨公債千萬磅ヲ募集ス

本公債ハ引受人ヲ定メ引受發行セシム

第二條　本公債ノ利率ハ一箇年百分ノ六トス

第三條　本公債ノ元金ハ明治四十四年四月五日ニ於テ額面金額ヲ以テ之ヲ償還ス但シ明治四十年四月五日以後政府ノ都合ニ依リ何時ニテモ六箇月前ニ新聞紙ヲ廣告シ其ノ全部又ハ一部ヲ償還スルコトヲ得……

第七條　本公債元利金ノ償還ハ關稅收入ヲ以テ優先ニ擔保セラルルモノトス

第八條　本公債發行價格ハ額面百磅ニ付九十三磅十志トス

シフの協力により発行額は一〇〇〇万ポンドとなり、金利は六分、償還年限は七年、発行価格は一〇〇ポンドにつき九三ポンド一〇シリングとなった。また担保には関税収入が充てられた。

五月一一日には英米同時に日本国の公債が発行されるにいたったが、その公債を買い求めようとする投資家が殺到し、その日のうちに募集を打ち切ったという。[41]

この戦争は当初より露国有利という見方が大半を占めていたが、実際の戦局は大方の予想を覆すこととなった。特に五月一日に行われた鴨緑江会戦で日本帝国陸軍が勝利したことが、今回の外債募集の結果に多大な影響を与えたと考えられる。

2　第二回六分利付英貨公債

一方、日本帝国海軍は日本海、東シナ海などの制海権を握るため、露国旅順艦隊を殲滅する任務を帯びていた。しかし同艦隊は旅順港に籠もったまま動く気配がなかったので、五月三日、日本帝国海軍は旅順港閉塞作戦を実施したが、旅順要塞からの砲撃などが原因で失敗に終わった。やがて旅順港に籠もる露国艦隊の殲滅には、港を守る旅順要塞の攻略が不可欠であるという判断がなされて、七月に入ると乃木希典率いる日本帝国陸軍第三軍がその任務に就いた。

しかし当時最新鋭の機関銃を備えた要塞の守りは堅く第三軍は苦戦を強いられた。八月一九日には第一回旅順総攻撃、九月一九日には第二回旅順総攻撃を計画し膨大な弾薬と兵力をつぎ込んで攻略に挑んだが、いずれも失敗に終わった。

戦況が膠着状態となる中、戦争続行のため新たに外債募集の必要性が唱えられるようになった。[42]

本月五日大體議ニ於テ決定相成候通臨時事件ニ伴フ政府外國拂竝ニ兌換券正貨準備維持ノ必要ノ爲外國債一億圓乃至二億圓ノ募集ヲ要シ候ニ付曩ニ倫敦駐在高橋是淸ニ命シ公債發行ノ商議ニ着手セシメ候處……明治三十七年十月

一〇月五日には新たに一億円あるいは二億円の外債が必要となり、前公債募集のためにロンドンにいる高橋に募集を命じたことが記されている。これを受けて高橋は二回目の募集に着手した。

第一回六分利付英貨公債ではその担保を海関税としたが、一〇〇〇万ポンドの抵当としては価値が高すぎたと高橋は考えた。そこで彼は日本国の海関税がどの程度の価値があるかを計算し、あと一二〇〇万ポンドは借りられることを明らかにしたのである。[43]

この報告を受けた桂内閣は募集することを決めて一一月一〇日に閣議決定を行ったが、[44]その主な条件は以下のようになった。[45]

第一條　明治三十七年勅令第二百二十八號ニ依リ英國倫敦及北米合衆國紐育ニ於テ英貨公債千二百萬磅ヲ募集ス

第二條　本公債ノ利率ハ一箇年百分ノ六トス

第三條　本公債の元金ハ明治四十四年十月五日ニ於テ額面金額ヲ以テ之ヲ償還ス但シ明治四十年四月五日以後ハ

政府ノ都合ニ依リ何時ニテモ六箇月前ニ新聞紙ヲ以テ廣告シ其ノ全部又ハ一部ヲ償還スルコトヲ得……

第七條　本公債元利金ノ償還ハ關税収入ヲ以テ擔保ス但シ其ノ順位ハ明治三十七年五月發行六分利付英貨公債ノ次トス

明治三十七年五月發行六分利付英貨公債償還ノ後ハ本公債ハ關税収入ヲ以テ優先ニ擔保セラルヘシ

第八條　本公債發行價格ハ額面百磅ニ付九十磅十志トス

前回と同じく金利は六分、償還期限は七年、担保は前記のように関税収入、発行価格は一〇〇ポンドに付き九〇ポンド一〇シリングとした。発行価格は前回よりも三ポンド下落させたことが功を奏したか、今回の募集にも応じる者は多く、資金の調達は成功裏に終わったのであった。

3　第一回四分半利付英貨公債

日本帝国陸軍は一一月二六日から第三回旅順総攻撃を実施し、三度目の要塞攻略に挑んだ。一二月一日には児玉源太郎が満州より旅順に到着して作戦立案に加わり乃木を助けた。児玉は攻撃目標を二百三高地に絞る作戦を練り、それを実施した結果、四日には同高地を占領することに成功した。

これにより艦隊砲撃のための観測所を二百三高地に設置することが可能となったため、日本帝国陸軍の砲撃によって旅順艦隊は壊滅した。また長期にわたる攻防戦の結果、要塞内部で次第に降伏論が唱えられ始めたため、最後には司令官ステッセルが決断して明治三八年一月一日に旅順要塞が陥落した。

しかし旅順のはるか北方に位置する奉天では露国軍が集結し始め、バルチック艦隊も、やがて日本海に現れるという情報があったことから、日本国は武器弾薬を補充するための資金がさらに必要となっていた。

第二回六分利付英貨公債の発行を見届けた高橋は一月一〇日に日本国に帰国したが、同月下旬には桂、伊藤、山県、松方、井上に呼び出されて、外債募集の相談を受けた。[46] その席で桂が二億あるいは二億五〇〇〇万円の公債を発行したいと切り出した。高橋が起債は電信で事足りると述べたところ井上が高橋の渡英を強く勧め、二月三日、高橋の英国行きが決定した。[47]

昨年外債募集ノ任務ヲ以テ英國倫敦へ派遣ノ日本銀行副總裁高橋是清儀ハ第一回及第二回ノ英貨公債募集ヲ結了シ此程復命ノ爲メ一應歸朝致候處戰時財政ノ都合上今年年内ニ於テ少クトモ二億圓ノ外債募集ノ必要有之候ニ付右募集ノ權限ヲ委任シテ再ヒ同人ヲ派遣致度然ルニ公債募集ノ交渉ヲ有利ナラシムルニハ彼國ノ君主及ヒ大統領ニモ謁見シ其他外務大臣及ヒ最モ有力ナル財政家等ニ近接シテ交際ヲ結フノ必要有之而シテ之カ爲メニハ本邦ニ於テ財政上地位名望ヲ有スル人物ヲ撰擇派遣スルノ必要有之候得共差當リ高橋日本銀行副總裁ヲ除キテハ他ニ適任者無之且同人ハ既ニ昨年中倫敦ニ滞在シテ公債募集ノ事務ニ當リ經驗モ有之候ニ付特ニ同人ノ待遇ヲ厚クセンカ爲メ同人派遣ノ任務ニ付別記ノ名稱ヲ付シテ委任致度此段至急閣議ヲ請フ

高橋がロンドンへ派遣され二回に渡り外債募集を行い帰国したが、新たに二億円以上の外債募集をする必要性が出てきたため、高橋をふたたび英国へ向かわせることにした。外債募集を行うには、各国の要人と渡り合える人物でなければならず、以前の経験を踏まえれば高橋しかいないと閣議書には記されている。

こうして二月一七日、高橋は横浜を発って米国経由でふたたび英国へ向かうこととなった。[48]

三月六日にニューヨークに着いた高橋は、すぐにシフと会い日露戦争が始まって三回目となる起債について相談をした。[49] 高橋が二億円あるいは二億五〇〇〇万円の公債発行の命令を受けてきたこと、高橋自身は三億円程度の公債発行をすべきであるとの見解を持っていることを述べると、シフはそのうちの半分である一億五〇〇〇万円分の外債を引き受ける旨を高橋に伝えた。

その後、高橋は三月一一日にニューヨークを発ち一九日にはロンドンに到着した。二〇日よりパース銀行など先述の諸銀行と協議を円滑に進め[50]、その日のうちに取り決められた。やがて三月二四日には契約が成立し二九日には募集を開始したが、起債条件の主な内容は以下の通りであった[51]。

第一條　明治三十八年法律第十二號ニ依リ英國倫敦及北米合衆國紐育ニ於テ英貨公債三千萬磅ヲ募集ス本公債ハ引受人ヲ定メ引受發行セシム

第二條　本公債ノ利率ハ一箇年百分ノ四半トス

第三條　本公債ノ元金ハ明治五十八年二月十五日ニ於テ額面金額ヲ以テ之ヲ償還ス但シ明治四十三年二月十五日以後ハ政府ノ都合ニ依リ何時ニテモ六箇月前ニ新聞紙ヲ以テ廣告シ其ノ全部又ハ一部ヲ償還スルコトヲ得

……

第六條　本公債元利金ノ償還ハ煙草專賣益金ヲ以テ優先ニ擔保セラルルモノトス

第七條　本公債發行價格ハ額面百磅ニ付九十磅トス

公債の発行総額は高橋の思惑によって三〇〇〇万ポンドとなり、そのうちの半数となる一五〇〇万ポンドはシフが引き受けることとなった。また金利は三月一〇日に行われた奉天会戦での勝利に支えられたのか四分半と前回に比べてかなり安く抑えられた。担保は、すでに抵当価値のなくなった海関税に代わり、新たにタバコ専売益金を充てることとなった。その他、償還期限は二〇年、発行価格は一〇〇ポンドに付き九〇ポンドとされた。

今回の発行はその総額も過去最大となったが、シフの協力や大日本帝国軍の戦勝によって円滑に行われたのであった。

4　第二回四分半利付英貨公債

奉天会戦による勝利から約二ヶ月後の五月二七日、日本国の連合艦隊と露国のバルチック艦隊が対馬沖で戦い日本国の完全勝利に終わった。この日本海海戦での勝利によって、極東で活動できる露国の海軍は壊滅状態となった。しかし日本の国力はすでに限界を越えており、五月三一日、桂は高平小五郎駐米大使に対して、セオドア・ルーズヴェルト米国大統領に講和条約斡旋の依頼を命じている。[52]この命令を受けて、ルーズヴェルトは日露両国に対して講和の仲介に動き始めたが、露国がこれに応ずるかどうかは不透明であり、日本国も戦争の継続に備えなければならない状況下にあった。以下は、それらのことを記した松尾から高橋に宛てた一五日付、一六日付の電報となる。[53]

井上伯及び大蔵大臣から左の通り電報することを命ぜられた。目下平和の徴候あれども、その終局の如何は予知することができない。軍事費の予算は本年分だけに対しても二億円の不足を生じ、更に明年（明治三十九年）三月までの戦費予算は二億三千五百万円を要する見込みである。……近き将来に五億円の公債募集を必要とし、内三億円は是非外国にて募集するの必要がある。……

露国の現在の行動は誠意をもって講和を希望しつつありや甚だ疑わしい。ゆえに政府はさらに決心するところあり、軍事上はもちろん、財政上においても戦争は継続するものと覚悟を示して十分の準備を整えることが得策と考える。ついては出来るだけ早く三億円もし已むを得ずんば、その半額でも、外債を取り決めて貰いたい。……

松尾の電報は、戦争継続に備えて、さらに三億円の外債募集が必要となることを示している。このとき、高橋は米国に滞在していたため、すぐにシフを訪れ相談を行った。[54]度重なる外債の発行にシフは驚いた様子であったが、今度も協力してくれることを約束したという。二人は今度の起債地を英米市場に絞るのでなく、独国市場にも広げてはどうかということを話し合い、それぞれの市場で一〇〇〇万ポンドの募集を行うことを決めた。[55]

しかし、ここで一つ問題が起こった。日本国政府と独国銀行団のつながりを快く思わない英国銀行団が独国銀行団参入に異議を唱えたのである。シフは、最悪の場合、米独で一五〇〇万ポンドずつ引き受けると言いながらも、英国に向かうことを勧めたため、高橋は英国銀行団を説得すべく、六月二四日にニューヨークを発ってロンドンへと向かうこととなった。[56]

高橋がロンドンに着いたのは七月二日であった。高橋は独国銀行団の参入を認めないならば英国市場からの撤退もあり得るということを、英国銀行団に対して示唆しながら説得を行った。最終的に英国銀行団が折れたため交渉がまとまり、高橋は七月六日に契約を結ぶことに成功したのであった。[57]

こうして、まとめられた外債の主な条件は以下のとおりであった。[58]

第一條　明治三十八年勅令第百九十四號ニ依リ英國倫敦、北米合衆國紐育及獨逸國ニ於テ英貨公債三千萬磅ヲ募集ス

本公債ハ引受人ヲ定メ引受發行セシム

第二條　本公債ノ利率ハ一箇年百分ノ四半トス

第三條　本公債ノ元金ハ明治五十八年七月十日ニ於テ額面金額ヲ以テ之ヲ償還ス但シ明治四十三年七月十日以後ハ政府ノ都合ニ依リ何時ニテモ六箇月前ニ新聞紙ヲ以テ廣告シ其ノ全部又ハ一部ヲ償還スルコトヲ得……

第六條　本公債元利金ノ償還ハ煙草專賣益金ヲ以テ擔保ス但シ其ノ順位ハ明治三十八年三月發行四分半利付英貨公債三千萬磅ノ次トス……

第七條　本公債發行價格ハ額面百磅ニ付九十磅トス

引き続き金利は四分半としており、担保も前回の専売益金が充てられることとなった。しかし、この公文書を見

ると前公債と条件は同じであるが、政府が今回の条件について必ずしも満足していない様子をうかがうことができる。おそらく日本海海戦の後であったため、前回よりも好条件で外債を発行したかったが、相次ぐ起債は日本国公債の暴落を招きかねないため、やむなく同条件で妥協したのだと推測される。

ともあれ七月一一日をもって戦費調達のための四回目となる外債が発行されたが、ロンドン市場では約一〇倍の申込超過となり、独国でも約七倍の申込超過が見込まれるとのことであった。[59]結局、本公債の募集も盛況のうちに終了し、政府の懸念も杞憂となった。

5　第二回四分利付英貨公債、五分利付英貨公債

明治三八年八月一〇日、米国のポーツマスにおいて講和会議が開かれた。日本国側は全権委員に小村寿太郎外務大臣、高平駐米日本国大使を任命し、露国側の全権委員にはセルゲイ・ウィッテ元大蔵大臣、ロマン・ローゼン駐米露国大使が選ばれて交渉に臨んだ。[60]当初、露国側は戦争続行可能であるとして、日本国側の求める賠償金と樺太の譲渡を拒んだ。交渉が決裂してしまうことを恐れた日本国が譲歩したため、九月五日、日露の間で講和条約が結ばれたが、その要旨については以下の通りであった。[61]

第二條

露西亞帝國政府ハ日本國カ韓國ニ於テ政事上、軍事上及經濟上ノ卓絕ナル利益ヲ有スルコトヲ承認シ日本帝國政府カ韓國ニ於テ必要ト認ムル指導抔保護及監理ノ措置ヲ執ルニ方リ之ヲ阻礙シ又ハ之ニ干渉セサルコトヲ約ス……

第五條

露西亞帝國政府ハ清國政府ノ承諾ヲ以テ旅順口、大連竝其ノ附近ノ領土及領水ノ租借權ニ關聯シ又ハ其ノ一部ヲ組成スル一切ノ權利、特權及該與ヲ日本帝國政府ニ移轉讓渡ス露西亞帝國政府ハ又前記租借權カ其ノ効力ヲ及ホス地

域ニ於ケル一切ノ公共營造物及財産ヲ日本帝國政府ニ移轉讓渡ス……

第九條

露西亞帝國政府ハ薩哈嗹嶋南部及其ノ附近ニ於ケル一切ノ嶋嶼竝該地方ニ於ケル一切ノ公共營造物及財産ヲ完全ナル主權ト共ニ永遠日本帝國政府ニ讓與ス其ノ讓與地域ノ北方境界ハ北緯五十度ト定ム……

この条約により、韓国における日本の優越権を認めること、露国の持つ遼東半島の租借権を日本に譲渡すること、樺太全島ではなく南樺太を日本に割譲することなどが定められた。

この講和条約をもって日露戦争は終結することとなったが、同条約を不満として一部の日本国民が日比谷公園に集まり、新聞社、交番などを焼き討ちにした。この知らせを受けた英米の市場では日本国公債の価値が三分も下落したという。[62]

このような状況下において、九月八日、政府より高橋の元へ、以下のような電信が入った。[63]

第一回第二回六分利付英貨公債二千二百萬磅、内国第四回第五回六分利付國庫債券二億円を整理するため、佛国を加え無抵當四分利付長期公債價額九十以上にて三億乃至四億圓を発行するを得ば幸いなり。以上の諸條件を基礎としてこの際直ちに内協議を開かれたし

戦前には五億四〇〇〇万円ほどの借金残高は二二億円にまでふくらんでいた。戦費調達を最優先した高金利の内外債は、賠償金を得ることができなかった日本にとって重い負担となっていたのである。一刻も早く償還するために借換債を発行し、財政的負担を軽減する必要があったと考えられる。

高橋は欧米での日本公債の価値下落を理由に起債反対の立場をとったが、本国政府からの回答は新たに仏国市場を開拓してでも起債せよとのことであった。[64]

この命令を受けて高橋はフランスに渡ると、パリ証券取引所仲買委員長のヴェルヌイユ、首相のモーリス・ルビエと会談し、パリでの外債発行を模索し始めた。また高橋は公債発行元の銀行団の中にパリ・ロスチャイルド家の名前があることが望ましいと考えた。そこで高橋はパリ・ロスチャイルド家の元を訪れて仏国銀行団への参加を促すと、ロンドン・ロスチャイルド家が英国銀行団に加わるならば参加したいとの回答を得た。[65]

日露戦争の際に、高橋はロンドン・ロスチャイルド家のアルフレッド・ロスチャイルドと親交を深めたが、外債支援を同氏に求めなかった。[66] おそらくはロスチャイルド家と露国の関係を考慮した上でのことだと推測できるが、[67] 今度の交渉も難航が予想された。

また高橋はロンドン・ロスチャイルド家と親交の深いパンミュール・ゴールドン商会のレビタを通じて、先述の交渉を始めた。予想通りロンドン・ロスチャイルド家では英国銀行団への参加を断ってきたが、パリ・ロスチャイルド家も説得に加わったため、とうとうロンドン、パリの両ロスチャイルド家の参加が決まったのである。[68]

仏国市場において後ろ盾を得た高橋は一一月二八日に公債発行を開始したが、「公債申込額ハ數倍以上ニ達シ」[69] 大盛況であったようである。また本公債の発行条件の要旨は以下の通りであった。[70]

第一條　政府ハ國債整理ノ爲明治三十七年法律第一號及同三十八年法律第十二號ニ依リ四分利付英貨公債五千萬磅ヲ發行ス

第二條　前條英貨公債五千萬磅ノ内二千五百萬磅ハ發行價格額面百磅ニ付九十磅ヲ以テ英國倫敦、佛國巴里、北米合衆國紐育及獨逸國ニ於テ募集シ二千五百萬磅ハ明治三十七年五月及同年十一月英國倫敦及北米合衆國紐育ニ於テ募集シタル六分利付英貨公債二千二百萬磅ノ引換又ハ償還ニ充用スル爲發行ス其ノ引換ノ方法及時期ハ大藏大臣之ヲ定ム

第一条で五〇〇〇万ポンドを発行するとされているが、第二条で示されているように実際に発行される額は

二五〇〇万ポンドのみとなる。勅令がこのような文言になった背景には、政府は六分利付内国債の償還を優先したと海外投資家に勘ぐられることを避けるねらいがあったと考えられる。時期を見て、第一回ならびに第二回六分利付英貨公債の償還に充てる借換債を発行するという姿勢を見せておくことが重要であった。[71]

なお高橋は残額の二五〇〇万ポンドを募集すべく機会を待っていたが、その後の欧米市場の資金供給は不安定であった。前の条件と同じ四分で外債を発行すれば暴落しかねないと踏んだ高橋は、五分利付公債を発行すべきであると進言した。[72]

これに対して、曾禰から大蔵大臣を引き継いだ阪谷芳郎は高金利を理由に難色を示したが、六分利付英貨公債の償還を急ぐ西園寺内閣は明治三九年の秋に外債募集を閣議決定し、[73]高橋をヨーロッパに向かわせた。

明治四〇年二月二七日になると、高橋から発行の目処がついたという電信が送られてきたため、閣議決定を経て、三月八日、外債発行を行った。[74]その主な条件は以下のようであった。[75]

第一條　政府ハ明治三十七年五月及同年十一月英國倫敦及北米合衆國紐育ニ於テ募集シタル六分利付英貨公債二千二百萬磅ヲ整理償還スル爲明治三十七年法律第一號及同三十八年法律第十二號ニ依リ五分利付英貨公債二千三百万磅ヲ募集ス

第三條　本公債ノ元金ハ明治八十年三月十二日ニ於テ額面金額ヲ以テ之ヲ償還ス……

第七條　本公債ノ發行價格ハ額面百磅ニ付九十九磅十志トス

公債は第一回、第二回六分利付英貨公債の借換債として発行され、総額は二三〇〇万ポンドとなった。金利は日本公債の暴落を恐れて五分、発行価格は一〇〇ポンドに付き、九九ポンド一〇シリングとなり、償還年限は四〇ヶ年となったのである。

この借換債発行により節約できた額は、毎年、金利約一六六万円、元利金約一四一万円となった。[76]

6　四分利付仏貨公債、第三回四分利付英貨公債

日露戦争を主導したのは第一次桂内閣であったが、日比谷焼き討ち事件をきっかけとして西園寺公望に政権を譲った。つまり外債募集によってふくらんだ負債の返済は第一次西園寺内閣によって行われることとなったが、戦争恐慌や増税断行、社会主義運動への取り締まりの甘さから元老たちの倒閣運動が始まり総辞職を余儀なくされた。この結果、再度、桂に大命降下がなされて、明治四一年七月一四日、第二次桂太郎内閣が発足し、桂は大蔵大臣を兼務して前内閣の残した問題に取り組むこととなった。本起債も先述の第二回四分利付英貨公債、五分利付英貨公債と同じく、公債整理のために行われた。

明治四三年の時点で、日本国内では五分利付内国債が約一四億一六〇〇万円分出回っていたが、そのうちの五億九五〇〇万円がこの年をもって償還期限を迎えることとなった[77]。そこで桂は国内外で金利の低い借換債を発行することを目論んだ。

まず内国債は、二月一九日、四月四日の二回に分けて、一億円分の四分利付内国債を発行し募集をしたところ、無事に買い手がついた[78]。

次に外債発行であるが、こちらは二月に大蔵次官水町袈裟六を欧州に派遣し、その可能性を探った[79]。このときの欧州金融市場は比較的安定しており、英仏における発行の目途がついたため、水町は二つの市場で発行することとした。

一番目の起債地となった仏国での主な発行条件は以下のようになった[80]。

第一條　政府ハ國債整理基金特別會計法第五條ニ依リ五分利付內國債整理償還ノ爲佛國ニ於テ佛貨公債四億五千萬法ヲ發行ス

第二條　本公債ノ利子ハ一箇年百分ノ四トシ毎年五月十五日及十一月十五日ニ於テ前六箇月分ヲ仕拂フ
第三條　本公債ノ元金ハ明治百三年五月十五日ニ於テ額面金額ヲ以テ之ヲ償還ス但シ政府ハ六箇月前ノ豫告ヲ以テ明治五十三年五月十五日以後何時ニテモ其ノ全部又ハ一部ヲ償還スルコトヲ得……
第五條　本公債ノ發行價格ハ額面百法ニ付九十五法五十參トス

発行額は四億五〇〇〇万フラン、金利は四分、償還期限は六〇年、発行価格は一〇〇フランに付き、九五フラン五〇サンチームとなった。

一方、二番目の起債地である英国での主たる発行条件は以下のようになった。[81]

第一條　政府ハ國債整理基金特別會計法第五條ニ依リ倫敦株式取引所ニ登録セラレタル五分利付内國債ヲ整理償還スル爲英國ニ於テ英貨公債千百萬磅ヲ發行ス
第二條　本公債の元金ハ明治百三年六月一日ニ於テ額面金額ヲ以テ之ヲ償還ス但シ明治五十三年六月一日以後ハ政府ノ都合ニ由リ何時ニテモ六箇月前ニ新聞紙ヲ以テ廣告シ其ノ全部又ハ一部ヲ償還スルコトヲ得……
第三條　本公債ノ利子ハ一箇年百分ノ四トシ毎年六月一日、十二月一日ニ於テ各前六箇月分ヲ仕拂フ
第五條　本公債ノ發行價格ハ額面百磅ニ付九十五磅トス

発行額は一一〇〇万ポンド、金利は四分、償還期限は六〇年、発行価格は一〇〇ポンドに付き九五ポンドとなり、多少、仏国が有利となったが、どちらの市場でもほぼ同じ条件で起債することができた。

これらの募集によって、その合計実収額は約四億四六八三万円となった。以前から保有している償還用の資金と合わせれば約五億二九三八万円となり、[82]五分利付内国債の償還問題は一応の決着を見ることとなった。[83]

（四）むすびにかえて

七分利付外債の募集以後、明治一三年に政府内で外債募集計画が持ち上がることがあった。しかし外債募集は植民地化につながるといった思考が多くの参議たちの念頭にあったため、計画が実行に移されることはなく、その後においても外債に頼らない財政運営という方針は堅持された。日清戦争中においても外債募集の提起がなされたが、戦時中でさえこの提案が通ることはなかったのである。

しかし日清戦争後の日本国の財政状態が、この方針の転換を余儀なくした。すなわち対露戦に備えた軍備増強、戦後不況による日本市場の停滞によって、七分利付外債の実行者であった井上が明治三一年に大蔵大臣という立場から外債募集を提案したのである。やがて、明治三二年には日本の財政状況はさらに悪化したため、従来、外債発行に否定的であった松方も起債に踏み切らざるを得なくなった。これにより七分利付外債以降、実施されることのなかった外債募集が再び始まることとなったのである。

やがて露国との情勢が緊迫し日露戦争が始まると、桂は高橋に命じて立て続けに外債募集を行った。その理由は欧州でも一、二を争う国力を有していた露国に勝利するためであり、外債発行の行く末に構ってはいられない状況があったためである。

戦時中の外債募集によって戦費調達に成功した日本国は、かろうじて露国に勝利を収めることができた。しかし講和条約で賠償金を得ることができなかったため、戦後、日本国は膨大にふくらんだ内外の公債償還費に悩まされたのである。これにより第一次西園寺内閣、第二次桂内閣は財政整理が最重要課題となった。特に桂内閣では財政負担軽減のため、戦後も借換債としての外債を三回発行し支出の節約につとめたのであった。

〔注〕

1 明治二八年四月一七日付、「日清媾和條約及別約附媾和條約及別約ヲ裁可セラル」『公文類聚 第一九編』（国立公文書館所蔵）。
2 明治二八年五月一〇日付、「占領壌地ヲ還付シ東洋ノ平和ヲ鞏固ニス」『御署名原本 明治二八年 詔勅』（国立公文書館所蔵）には「露西亜獨逸両帝國及法朗西共和國ノ政府ハ日本帝國カ遼東半島ノ壌地ヲ永久ノ所領トスルヲ以テ東洋永遠ノ平和ニ利アラスト爲シ交ゝ朕カ政府ニ慫慂スルニ其ノ地域ノ保有ヲ永久ニスル勿ラムコトヲ以テシタリ……」とある。
3 前掲明治二八年五月一〇日付、「占領壌地ヲ還付シ東洋ノ平和ヲ鞏固ニス」『御署名原本 明治二八年 詔勅』。
4 昭和六年「満蒙問題關係ノ重要條約摘要」（国立公文書館所蔵）中の「遼東半島租借條約」第三条には、「租借期限ハ本條約調印ノ日ヨリ二十五年トシ且右期間後更ニ両國政府ノ互認ニ依リ之ヲ延長スルコトヲ得」とある。
5 『世外井上公傳 第四巻』、一九六八、五六九頁。
6 「事業公債条例ヲ定ム」『公文類聚 第二〇編』（国立公文書館所蔵）、一二三頁。
7 前掲「事業公債条例ヲ定ム」、一二三頁。
8 「北海道鐵道敷設法」『法令全書』、明治二九年五月一三日、法律第九三号。
9 『明治財政史 第八巻』、一五五頁。
10 前掲『明治財政史 第八巻』、五九五〜五九六頁。
11 前掲『世外井上公傳 第四巻』、五七〇頁。
12 未募集額とは、事業公債及び北海道鉄道公債、鉄道公債の一億六三百万円と、製鉄所建設のための六〇〇万円を合わせた一億六九〇〇万円となる。
13 上塚司編『高橋是清自伝 下巻』（中公文庫）、一九七六年、一〇二〜一〇三頁。
14 前掲『高橋是清自伝 下巻』、一一四頁。
15 「外債募集ニ關スル件」『公文別録 第二巻』（国立公文書館所蔵）。
16 例えば『松方正義傳 坤巻』（明治文献）、一九七六年、七八一頁によれば「外債の募集は、國家の大事にして、國家が直に債務を外國に負ふことは、人民が國家の關係を離れて、個人的に低利なる外資を輸入し、以て其の仕拂に任ずべき結果を生じ、唯だ一個人の破産又は事業の失敗の如くにして止むべきにあらざるが故に、外債を募集せんと欲せば、先づ之を行ふべき基礎を確立し、他日其の元利金の仕拂に充てんが爲め、外國に輸送すべき正貨の供給に就て、成算なかる可からず」という考え方であった。
17 「一千八百七十九年八月十日濱離宮ニ於テ聖上　ゼネラル・グラント御對話筆記」『日本外交文書　第十二巻』（日本國際連合協會）、一四一頁。
18 前掲「一千八百七十九年八月十日濱離宮ニ於テ聖上　ゼネラル・グラント御對話筆記」一四三頁には「外債ノ事ニ就キ余又一ノ愚考アリ凡ヲ國ノ最厭フヘキハ外國ニ債ヲ負フヨリ大ナルハ無シ……況ヤ一國ニ於テヲヤ誠ニ埃及西班牙又ハ土耳格ヲ見ヨ其景況實ニ憐ム可シ……然ルニ今日本ノ外債ハ幸ニ如是ノ巨額ニ非スト聞ク然レハ其債主ニテ承諾サヘ致サハ返期未タ來ラストモ何時ニモ之ヲ償却スル事難カラサルヘシ一日モ早ク支消スル方日本ノ利益ニ

シテ成ヘクハ此上外國ヨリ借入レ無キニ若カス」と記されている。

19 明治二八年四月二一日付、松方宛徳大寺書簡、大久保達正監修『松方正義関係文書　第八巻　書翰編（三）』（大東文化大学東洋研究所）、五〇九頁。

20 例えば前掲『松方正義傳　坤巻』、五二二頁によれば、日清戦争の際、戦費調達のために外債募集を行う議論もなされたが「公が極力之に反對した爲め、其議は中止された」と松方が募集に反対したことが記されており、渡辺も外債の可否について松方の意見を容れて財政運営を行っている。

21 前掲『松方正義傳　坤巻』、七八七頁。

22 「英國倫敦ニ於テ募集ノ公債ニ關スル手續方法等ノ件」『法令全書』、明治三二年五月三一日、大蔵省令第二二号。

23 前掲『松方正義傳　坤巻』、七八七頁。

24 前掲『松方正義傳　坤巻』、七八七頁。

25 『伊藤博文傳　下巻』（原書房）、一九七〇年、六〇六〜六二八頁には、日露戦争回避のため満州における露国の利益を認める代わりに、朝鮮半島における日本国の利益を認めさせるという交渉を露国と行っていることが記されている。

26 前掲『高橋是清自伝　下巻』、一九〇頁。

27 『世外井上公傳　第五巻』（原書房）、一九六八年、六五頁。

28 前掲『高橋是清自伝　下巻』、一八六〜一八七頁。

29 前掲『高橋是清自伝　下巻』、一八七頁には「大蔵大臣も松尾総裁も「この情勢であれば高橋を手離してもよかろうから、同君を至急ロンドンに派遣せしめらるるよう」にと具申した」とある。

30 『世外井上公傳　第五巻』、六六頁。

31 「外国債募集ニ関スル件」『公文別録　第三巻』（国立公文書館所蔵）。

32 前掲『高橋是清自伝　下巻』、一九一頁。

33 前掲『高橋是清自伝　下巻』、一九一〜一九二頁。

34 前掲『高橋是清自伝　下巻』、一九三頁、二〇一頁。

35 前掲『高橋是清自伝　下巻』、二〇二頁。

36 明治三七年一一月一〇日付、桂太郎宛曾禰荒助報告書（国立公文書館所蔵）、四頁。

37 田畑則重『日露戦争に投資した男』（新潮新書）、二〇〇五年、二八頁によれば、アーサー・ヒルは「高橋の正金銀行時代の旧友でニューヨークの投資銀行スパイヤーズのロンドン支店長」であったという。

38 前掲『高橋是清自伝　下巻』、二〇三〜二〇四頁。

39 明治三七年一一月一〇日付、桂太郎宛曾禰荒助報告書、一二頁、「高橋日本銀行副総裁へ委任権限附與ノ電報」『2 外国債募集に関する件』（国立公文書館　アジア歴史資料センター　ホームページ『日露戦争特別展』より）。

40 「英國倫敦及北米合衆國紐育ニ於募集スル公債ニ關スル件」『法令全書』、明治三七年五月一〇日、勅令第一三八号。

41　前掲『高橋是清自伝 下巻』、二〇六頁。
42　「帝國憲法第八條及第七十條ニ依リ公債募集ニ關スル件ヲ定ム」『公文類聚 第二八編』、勅令二二八号、一二頁。
43　前掲『高橋是清自伝 下巻』、二一五頁。
44　前掲「帝國憲法第八條及第七十條ニ依リ公債募集ニ關スル件ヲ定ム」、一頁。
45　「英國倫敦及北米合衆國紐育ニ於テ募集スル公債ニ關スル件」『法令全書』、明治三七年一一月一〇日、勅令第二二九号。
46　前掲『高橋是清自伝 下巻』、二一九～二二三頁。
47　「外債募集ノ爲日本銀行副総裁高橋是清ニ帝國日本政府特派財政委員ヲ委任シ外國ヘ派遣ス」『公文類聚 第二九編』、三～四頁。
48　前掲『高橋是清自伝 下巻』、二三〇頁。
49　前掲『高橋是清自伝 下巻』、二三二頁。
50　前掲『高橋是清自伝 下巻』、二三三～二三五頁。
51　「英國倫敦及北米合衆國紐育ニ於テ募集スル公債ニ關スル件」『法令全書』、明治三八年三月二六日、勅令第七八号。
52　『伊藤博文傳 下巻』、六四七頁には「かくて桂首相は、講和の時機既に熟せるを見て、従來我が國に對し特に最も深き同情を表し來れる米國大統領セオドール・ルーズヴェルトをして仲介の衝に當たらしむるを便宜とし、閣僚と協議を遂げたる上、明治三十八年五月三十日公を訪ひその意を告げたるに、公は、豫ねて米國在留の金子堅太郎より詳細の情報に接し居りしこと、て、卽刻これに賛成した。因て政府は翌三十一日駐米公使高平小五郎に打電し……」とある。
53　前掲『高橋是清自伝 下巻』、二四四～二四五頁。
54　前掲『高橋是清自伝 下巻』、二四一頁、二四六～二四七頁。
55　前掲『高橋是清自伝 下巻』、二四九頁。
56　前掲『高橋是清自伝 下巻』、二五〇頁。
57　前掲『高橋是清自伝 下巻』、二五五頁。
58　「英國倫敦北米合衆國紐育及獨逸國ニ於テ募集スル公債ニ關スル件」『法令全書』、明治三八年七月八日、勅令第一九五号。
59　前掲『高橋是清自伝 下巻』、二五七頁。
60　「日露講和条約」『公文類聚 第二九編』、三～四頁。
61　前掲「日露講和条約」『公文類聚 第二九編』、四～九頁。
62　前掲『高橋是清自伝 下巻』、二八〇頁。
63　前掲『高橋是清自伝 下巻』、二八一頁。
64　前掲『高橋是清自伝 下巻』、二八三頁。
65　前掲『高橋是清自伝 下巻』、二八三頁。
66　前掲『高橋是清自伝 下巻』、二八三頁。

67　池内紀『富の王国ロスチャイルド』（東洋経済新報社）、二〇〇八年、九二頁によれば、ロスチャイルド家は一八八〇年代初頭に露国のバクーの石油採掘権を確保し、石油事業を展開していた。
68　前掲『高橋是清自伝 下巻』、二九〇頁。
69　「四分利付英貨公債募集成効ニ關シ倫敦ロスチャイルド家ヨリ大蔵大臣宛祝電到達ノ件」『公文雑纂 第十七巻』（国立公文書館所蔵）、一～三頁。
70　「国債整理ノ為明治三十七年法律第一号及同三十八年法律第十二号ニ依リ公債ヲ募集スルノ件ヲ裁可シ茲ニ之ヲ交付セシム」『法令全書』、明治三八年一一月二五日、勅令第二四一号。
71　前掲『高橋是清自伝 下巻』、二九八頁によれば、募集額決定について英国銀行団の主張に配慮して高橋が考えたものであった。
72　「明治三十七年五月及同年十一月英國倫敦及北米合衆國紐育ニ於テ募集シタル六分利付英貨公債二千二百万磅整理償還ノ爲英國倫敦及仏國巴里ニ於テ募集スル公債ニ關スル件ヲ定ム」『公文類聚 第三一編』。
73　前掲「明治三十七年五月及同年十一月英國倫敦及北米合衆國紐育ニ於テ募集シタル六分利付英貨公債二千二百万磅整理償還ノ爲英國倫敦及仏國巴里ニ於テ募集スル公債ニ關スル件ヲ定ム」。
74　前掲「明治三十七年五月及同年十一月英國倫敦及北米合衆國紐育ニ於テ募集シタル六分利付英貨公債二千二百万磅整理償還ノ爲英國倫敦及仏國巴里ニ於テ募集スル公債ニ關スル件ヲ定ム」。
75　「英國倫敦及佛國巴里ニ於テ募集スル公債ニ關スル件」『法令全書』、明治四〇年三月八日、勅令第二三号。
76　前掲「明治三十七年五月及同年十一月英國倫敦及北米合衆國紐育ニ於テ募集シタル六分利付英貨公債二千二百万磅整理償還ノ爲英國倫敦及仏國巴里ニ於テ募集スル公債ニ關スル件ヲ定ム」。
77　『公爵桂太郎傳 坤巻』（原書房）、一九六七年、七八二頁。
78　前掲『公爵桂太郎傳 坤巻』、七八四～七八五頁。
79　『明治大正財政史 第十二巻』、二七〇～二七一頁。
80　「四分利付佛貨公債發行規程」『法令全書』、明治四三年四月三〇日、大蔵省令第一九号。
81　「第三回四分利付英貨公債發行規程」『法令全書』、明治四三年五月六日、大蔵省令第二四号。
82　前掲『公爵桂太郎傳 坤巻』、七八六～七八七頁。
83　前掲『公爵桂太郎傳 坤巻』、七八五～七八六頁によれば、実収額とは別に約一億六〇〇〇万円分の借換債の申し込みがあったという。

むすび

以上、明治期に発行された一一回にわたる外債募集の過程についてみてきた。そこで各章の結論をあらためて概観しつつ、本稿の結論について述べていきたい。

まず第一章においては、明治初年に大蔵官僚として主導的役割を果たした大隈、伊藤の行動を中心に、我が国初となる九分利付外債の募集過程について論じた。

この計画が持ち上がった明治二年には版籍奉還が実施されていたが、政府に財政的な余裕はなく近代化政策の実施は困難な状態であった。大隈、伊藤は財政的負担を少しでも軽減させることを念頭に置きつつ、近代化政策実施のため、最も低金利の借款を持ちかけてきたレー個人から借り入れをすることにした。しかしレーは明治政府に資金を提供できるような資産家ではなく、当初から公債募集を行うことを企図して彼らに近づいてきたのである。

レーは大隈と伊藤を欺くことに成功するとロンドンに帰国して外債を発行した。伊藤は外債発行の知らせを聞くと狼狽し、すぐにその外債の回収を行おうとしたが、一度出回ってしまった債券を回収することは困難であった。結局、日本国政府は発行されてしまった外債を追認せざるを得ない状況に追い込まれたのである。

つまり九分利付外債は公募形式をとった我が国初の外債であると同時に、政府の意図に反して発行された公債であるとも評価することができよう。

次に留守政府において大蔵行政を主導してきた大蔵大輔井上と大蔵少輔吉田を中心に、七分利付外債の募集過程について論じてきた。

第二章では井上が中心となって立てた外債募集計画を明らかにした。

明治四年の廃藩置県によって大蔵省に財源が一元化されたと評価できるが、そのことが必ずしも大蔵省に潤沢な税収をもたらしたわけではなかった。特に前近代の遺物である家禄は、近代化政策を行う上で政府の負担となったのである。つまり財政健全化の観点から家禄処分の必要性が井上によって唱えられ、正院でもこれを了承し実行に移されることとなった。この時期の井上は積極財政によって財政危機を乗り切ろうと考えたのである。

これに先だち、井上、吉田の二人によって起債地の選定が行われた。彼らが米国を最初の訪問国として選んだ背景には、英国では高金利を強いられる懸念もさることながら、米国であるならば容易に起債が実行可能であるという見通しを、両名ともに持っていたからであると結論づけられる。

第三章では理事官として米国に赴いた吉田の起債活動について明らかにした。米国における吉田の起債活動は当初から困難を極めていた。英国を起債地としなかったことで横浜東洋銀行からの妨害を受けることとなり、また起債について岩倉使節団の主要人物と事前に打ち合わせをしていなかったことから、身内である使節団大使の岩倉、副使木戸が障害として立ちふさがり、少弁務使森からも妨害を受けたのである。

しかし、それらの障害が皆無であったとしても、米国での起債は難しかったことが推測される。開国間もない東アジアの一小国として認知されていた日本国の信用度は、欧米のそれと比べると格段に低く、高金利の設定はやむを得なかったからである。

くなった。

この状況を理解した吉田は米国での起債をあきらめて、結局、英国での起債に望みを託さざるを得なくなった。

第四章では渡英した吉田の活動と、即時中止を唱える井上と続行を主張する吉田の考え方の差異について明らかにした。

井上は九分利付外債の苦い経験や国内での政争を理由に即時中止を指示したが、吉田は政策の一貫性や日本国としての体面を軸に続行を訴えた。その結果、募集計画当初では一致協力していた二人の間に溝ができ、計画そのものが水泡に帰するかのように見えた。しかし井上が吉田の説得を大久保に依頼したことが吉田に利する結果となる。

そもそも大久保は大蔵行政について十分な知識を持っておらず、部下である井上が実権を握っていたと考えられてきた。この説に従えば大久保は井上の依頼を容易に受け入れたはずである。

しかし大久保は井上、吉田の主張を聞いた上で起債続行の判断を下しており、井上も大久保の決定に従っている。このことから今回の事例においては、大久保は井上の判断よりも自分自身の判断を優先させ、自ら政策決定の主体者となったと考えることができる。

第五章では七分利付外債の募集の後に起こる明治六年の予算紛議と、外債の使い途について明らかにした。

明治四年七月二八日から明治六年五月一四日まで井上は大蔵大輔を勤めることによって、外遊中の大久保に代わり大蔵省を統括した。この間、彼は予算の確保に腐心し、その資金を確保するために外債募集を企図した。しかし外債で十分な成果を得ることができなかったため、井上は財政方針の転換、すなわち緊縮財政によって歳入不足を補おうとした。

彼が緊縮財政に転じたことは、結果として各省の予算増額要求と真っ向から対立することにつながった。元々、その強権ぶりから井上に反感を持つ者は少なくなかったが、この対立により土肥勢力を中心とした井上包囲網が形成され、彼は大蔵大輔を辞職せざるを得なくなったのである。

井上の辞職によって彼の立てた家禄処分案は棚上げになるが、大久保政権下でその職を引き継いだ大隈により、新たな処分案が提起されることとなった。すなわち家禄と賞典禄を合わせた秩禄の処分である。明治六年一二月の秩禄公債発行、明治九年八月の金禄公債発行によって、明治初年から問題視されていた禄制の廃止に一応の決着が見られたが、秩禄公債発行の際に支払われた一時金の財源として七分利付外債で集められた資金が充てられた。

このことからも七分利付外債は明治初期における政府の財政健全化に寄与したと評価することができる。

以上を踏まえると、明治初期においては大隈、井上らの積極財政派が外債を活用して財政運営を行っていく方針を二度にわたってとっており、結果として外債の重要性も大きかったと評価することができよう。

最後の第六章では明治期帝国憲法体制下における外債について、日露戦争と関連づけながら募集過程を論じた。

政府に復帰した井上が外務畑に転出し、大隈、佐野常民が明治一四年の政変で失脚すると、松方、渡辺らの緊縮財政派が大蔵卿、大蔵大臣の地位を握り、基本方針を決定するようになった。すなわち明治一〇年代後半から明治二〇年代にかけては、松方の指導により量入為出が徹底され、たとえ戦時体制であっても国内資本で乗り切る方針が確立したのである。

しかし三国干渉以後、露国が日本国の仮想敵国となったことにより状況は一変した。一刻も早い軍備拡張を求められたことと経済不況が相まって井上が外債募集の提起を行い、最終的には松方が自身の財政運営方針を撤回せざるを得なくなったのである。日露関係の緊張によって、長い間、禁忌とされてきた外債募集が再び行われることになった。

ちなみに、この時の日本国は立憲君主制の確立、日英通商航海条約の締結、日清戦争の勝利などの影響によって、欧米列強に準ずる扱いを受けていたことが推測される。なぜなら前回の外債の金利が七分だったことに対して、この通算三回目となる外債の金利は四分で起債することができたからである。

やがて日露戦争が開始されると戦費の調達のため、日銀副総裁高橋が欧米に渡り起債交渉を行うことになった。この戦争における大方の予想では露国有利といった見解が一般的であったために、明治政府は金利も六分と高めに設定したが、それでも高橋自身は資金調達に悩まされた。

しかし、この予想は相次ぐ大日本帝国軍の勝利によって覆されることになった。この勝利にともない高橋の起債活動は順調に進み始め、金利もまた四分まで低下させることに成功したのであった。以上のことから日露戦争時における五回の外債募集の難易度は、戦局によって左右されたと評価することができるであろう。

そして日露戦争後には三回の外債を発行しているが、いずれも戦時期に起債した内外債の借り換えを行うためであった。戦争に勝ったものの、その後の日本国は膨大な借金の返済に悩まされることとなったのであるが、膨大な外債発行によって日露戦争の勝利に大きく影響を及ぼしたことは否定できないであろう。

以上をまとめると、明治期における一一回の外債発行は日本国の行く末に大きく影響を与えたと評価することができる。

重要性こそ異なるものの、外債は今日に至るまで発行がなされている。本稿では明治期をもって筆を置くこととするが、今後の課題として大正期、昭和戦前期の外債についても考察していきたいと考える次第である。

【著者紹介】

半田 英俊（はんだ・ひでとし）

1974年生まれ
慶應義塾大学法学部政治学科卒業
杏林大学大学院国際協力研究科博士課程単位取得退学、博士（学術）
現在　杏林大学総合政策学部准教授
専攻　政治学、近代および現代日本政治史

［主な論文］
「西園寺公望とオーストリア特命全権公使」（『杏林社会科学研究』第35巻第2号、2019年）
「井上財政の終焉」（『杏林社会科学研究』第30巻 第4号、2015年）
など
［著書］
堀江湛・加藤秀治郎編『政治学・行政学の基礎知識〔改訂第4版〕』（共著：一藝社、2021年）
『政治学入門』（共著：一藝社、2020年）
堀江湛・加藤秀治郎編『政治学小辞典』（共著：一藝社、2019年）
堀江湛・加藤秀治郎編『日本の統治システム―官僚主導から政治主導へ』（共著：慈学社出版、2008年）
など

装丁——アトリエ・タビト

明《めい》治《じ》外《がい》債《さい》史《し》の研《けん》究《きゅう》

2022年3月25日　初版第1刷発行

著　者　半田 英俊

発行者　菊池 公男

発行所　株式会社 一 藝 社
〒160-0014 東京都新宿区内藤町1－6
TEL 03-5312-8890
FAX 03-5312-8895
振替　東京 00180-5-350802
E-mail : info@ichigeisha.co.jp
HP : http://www.ichigeisha.co.jp

印刷・製本　モリモト印刷株式会社

ISBN 978-4-86359-253-7 C3021
乱丁・落丁本はお取り替えいたします